ULLSTEIN

Das Buch

Die Wohnung schnell und bequem so sauber bekommen, »dass man sich drin spiegeln kann«? – Meister Proper zeigt Ihnen, wie das geht: Seine Tipps und Tricks werden Ihnen helfen, ohne viel Mühe strahlenden Glanz in der ganzen Wohnung zu verbreiten – vom Bad bis zum Balkon, vom Kinderzimmer bis zur Küche. In informativen Exkursen lernen Sie, allgemeine Sauberkeitsprobleme wie Staub und Kalk effektiv zu bekämpfen. Hilfreiche Checklisten weisen Ihnen die nötigen Handgriffe für eine blitzsaubere Wohnung in 30 Minuten oder was bei einem Überraschungsbesuch des Partners – oder der Schwiegermutter! – unbedingt zu beachten ist. Das Meister-Proper-Putzbuch wird Ihnen aber auch die vergnügliche Seite des Putzens zeigen: Bringen Sie mit Hilfe des Partnerputzens frischen Wind in Ihre Beziehung, veranstalten Sie die erste Putzparty oder machen Sie die Putzdiät – Erfolg garantiert!

Die Autorin

Ute Frangenberg ist freie Autorin. Sie hat bereits zahlreiche Ratgeber zu Gesundheits- und Haushaltsthemen veröffentlicht. Als Mutter von zwei Kindern und als Besitzerin einer Katze und eines Hundes hat sie einschlägige Putzerfahrungen. Sie lebt in Bergisch-Gladbach.

Ute Frangenberg

Mr. Proper
Das Putzbuch

Geniale Tipps für einfache
und gründliche Sauberkeit

Mit Comics von Ralph Ruthe
und Texten von Gerhard Hörner

Ullstein

Besuchen Sie Meister Proper im Internet:
www.mrproper.de

Besuchen Sie Ralph Ruthe im Internet:
www.ruthe.de

Der Ullstein Taschenbuchverlag ist ein Unternehmen
der Econ Ullstein List Verlag GmbH & Co. KG, München
Originalausgabe
1. Auflage 2001
© 2001 by Econ Ullstein List Verlag GmbH & Co. KG, München
Redaktion: Martin Bauer
Für die Ratschläge in diesem Buch wird keine Garantie oder
Gewährleistung übernommen. Eine Haftung der Autorin, von Procter & Gamble
bzw. des Verlages und deren Beauftragten für Personen-, Sach- und
Vermögensschäden ist ausgeschlossen.
Umschlagkonzept: Lohmüller Werbeagentur GmbH & Co. KG, Berlin
Umschlaggestaltung: Bezaubernde Gini, München
Titelabbildung: ® The Procter & Gamble Company, USA
Illustrationen: © The Procter & Gamble Company, USA
Comics: © The Procter & Gamble Company, USA
Sämtliche in diesem Buch erwähnten Marken (Mr. Proper, Dawn,
Febreze, Swiffer, Antikal, Fairy, Lenor) sind eingetragene Marken der
The Procter & Gamble Company, USA, und wurden freundlicherweise
für diese Ausgabe zur Verfügung gestellt.
Gesetzt aus der Frutiger
Satz: Josefine Urban – KompetenzCenter, Düsseldorf
Druck und Bindearbeiten: Elsnerdruck, Berlin
Printed in Germany
ISBN 3-548-36267-2

Hinweis

Bitte stets die Gebrauchsanweisungen und Warn-
hinweise auf Wasch- und Reinigungsmitteln sowie
allen anderen in diesem Buch erwähnten Mitteln
genau beachten. Im Zweifelsfall das zuständige Ver-
kaufspersonal befragen. Über die Chemikalien aus der
Apotheke kann Ihnen Ihr Apotheker Auskunft geben.

Inhalt

Meine kleine Lebensgeschichte 11

Putzmunter durch den Putzalltag 14
Die richtige Ausrüstung 16

Propere Küche 20
Glanz auf allen Flächen 20
Heiße Tipps für Herd und Co. 23
Spielend spülen:
keine Chance für trübe Tassen 27
Richtige Vorratshaltung 31
So fliegen unerwünschte Gäste aus 36
Die wichtigsten Tipps auf einen Blick 37

Exkurs: Marmor, Stein und Linoleum glänzt …
Bodenpflege leicht gemacht 38

**Die zehn Goldenen Handgriffe für
eine saubere Wohnung** 45

Blitzblankes Bad 50
Kampf der täglichen Verwüstung 50
Spieglein, Spieglein an der Wand 52
Strahlende Armaturen 54
Ein frischer Duft liegt in der Luft:
hygienische Sauberkeit für die Toilette 54
Waschbecken, Badewanne und Dusche 56
Duschvorhänge und -türen nicht vergessen! 58
Schnodder pur: Abflussrohre 59
Geben Sie Schimmel keine Chance! 60
Die wichtigsten Tipps auf einen Blick 61

Exkurs: Geben Sie dem Kalk Kontra 63

Blitzsaubere Wohnung in 30 Minuten 66

Strahlendes Wohnzimmer 70
... damit Ihre Sofas gemütlich bleiben 72
Damit Sie nicht in die Röhre gucken:
die richtige Pflege für Fernseher und Stereoanlage 76
Glanz auf Stühlen, Tischen und Bänken 77
Leuchtende Lampen 78
Dekorative Staubfänger: Vasen und Co. 79
Die wichtigsten Tipps auf einen Blick 81

Exkurs: Kampf dem Staub 83

Kleiner Psychotest: Welcher Putztyp sind Sie? 85

Ausgeschlafene Pflege für das Schlafzimmer 89
So bringen Sie Wollmäuse auf Trab 90
Frischer Duft im Wäscheschrank 91

Exkurs: Keine Panik bei Pannen 93

Wie man sich bettet 96
Lampen – gute Sicht zu allen Tageszeiten 98
Die wichtigsten Tipps auf einen Blick 100

Exkurs: Fenster – klare Aussichten 100

Staubfreies Arbeitszimmer 106
Papier – der beste Freund des Staubes 107
Richtige Pflege für den Computer 107
Kein Stäubchen zu viel auf Schreibtisch,
Stuhl und Regal 108
Die wichtigsten Tipps auf einen Blick 109

Exkurs: Fasertiefe Sauberkeit für Teppichböden 110

**Mit den Augen der Liebe –
wenn der Partner zu Besuch kommt** 116

Beispielhaftes Kinderzimmer 119
Machen Sie's wie Diogenes: Nehmen Sie eine Tonne 122
Fleckenfreie Regale 123
Spielend Spielzeug reinigen 125
Die wichtigsten Tipps auf einen Blick 126

Exkurs: O Schreck, ein Fleck 127

Kleine Fleckenkunde 128
Fleckentfernung aus Stoffen 129
Ihre private Fleckenapotheke 131
Los geht's: So rücken Sie Flecken in Textilien zu Leibe 133
Goldene Regeln bei der Fleckentfernung 138

Wenn Gäste kommen 141

Gepflegter Balkon, gemütliche Terrasse 147
So bringen Sie Balkon und Terrasse zum Glänzen 147
Die wichtigsten Tipps auf einen Blick 149

Exkurs: Blütenpracht 150

Blitzputz bei Überraschungsbesuch 154

Keine Angst vor dem Frühjahrsputz 158
Sauber? Aber sicher! 158
Auf ins Vergnügen! 160
Einmal im Jahr ... die feuchte Polsterreinigung 162
Der Endspurt 163

Exkurs: Pflanzen als Luftreiniger 166

Feste feiern, feste aufräumen 168
Der Tag danach 168

Exkurs: Psst, nicht weitersagen! – Praktische Geheimtipps 172

Meine kleine Lebensgeschichte

Guten Tag!
Darf ich mich Ihnen vorstellen (nur für den Fall, dass Sie mich noch nicht kennen)? Mein Name ist Proper, Meister Proper!!

Sie werden sich nun sicher fragen, wieso man mich Meister nennt. Nun, das ist eigentlich ganz schnell erklärt. Ich bin ein Meister des Putzens!

Diejenigen, die mich schon lange kennen, nennen mich aber auch liebevoll und kurz »Proper«, denn das Putzen ist mit meiner Hilfe ein Kinderspiel – das wissen meine Anhänger schon lange.

Aufgrund meiner Glatze wird mein Alter ständig überschätzt, dabei bin ich genau im richtigen Alter. In Deutschland gibt es mich seit 1967, ich bin also knapp über dreißig, unverheiratet und eine gute Partie (wer möchte nicht mit einem Putzmeister zusammenleben?).

Meine Damen, greifen Sie zu, denn ich habe eine ganze Menge zu bieten. Angefangen habe ich als einfacher Haushaltsreiniger im Jahre 1967, doch schnell erkannte man meine Qualitäten und bereits im Jahre 1971 war ich die ungeschlagene Nummer 1. Dieser Erfolg führte dazu, dass ich mich im Jahre 1976 auch zum Scheuern geboren fühlte und eine Scheuermilch entwickelte und auf den Markt brachte. Jahre später, 1990, war mir dann so richtig nach Essig und so kam mein Essigreiniger den Putzenden zu Hilfe. Das war einem so hilfsbereiten Kerlchen wie mir natürlich noch lange nicht genug und so erdachte ich mit meinem Meister Proper Badreiniger im Jahre 1992 eine weitere spürbare Arbeitsentlastung für den Haushalt. Seit 1997 muss auch

beim Fensterputzen niemand mehr auf meine Hilfe verzichten, dank des Meister Proper Glas- und Oberflächensprays.
Und durch das neue Meister Proper Badspray (ebenfalls Jahr-
gang 1997), das die Scheuermilch und den Essigreiniger
ersetzte, ist das Putzen im Bad noch leichter. Damit nicht
genug: Meine neueste Erfindung, die feuchten Reinigungs-
Tücher, erlaubt Ihnen nun, schnell und einfach auch kleinere
Verschmutzungen zwischendurch zu beseitigen, anstatt
gleich mit der großen Putzkolonne anzurücken. So bleibt
Ihnen viel mehr Zeit, sich um das zu kümmern, was Ihnen
wichtig ist.

Und damit mir die Putzwelt auch weiterhin die Treue hält,
habe ich mir 1998 mehrere herrlich riechende Duftnoten
ausgedacht. Seitdem gibt es mich nicht mehr nur als Citrus-
frische (»C« wirkt irgendwie sehr viel edler als »Z«, nicht
wahr?), sondern auch als Meeresfrische und Apfelfrische und
saisonal bedingt z. B. als Waldbeerenfrische im Frühling oder
Tannenfrische im Herbst.

Besonders stolz machen mich neben meiner Leistung im
Dienste des sauberen Haushalts auch meine Kollegen in anderen Ländern. Mein amerikanischer Verwandter, Mr. Clean,
ist z. B. 1958 in Amerika auf die Welt gekommen und noch
heute ein Vorbild (den nennt man übrigens »Mister«, nicht
»Meister«. Wenn ich es mir aber recht überlege, klingt
»Meister« viel besser, da es meine Fähigkeiten beim Putzen
besser umschreibt!). In Großbritannien kennt man mich unter
dem Namen »Flash«, in Italien heiße ich »Mastro Lindo« und
in Spanien bin ich der edle »Don Limpio«, der Schrecken aller
Verschmutzungen.

In diesem Sinne wünsche ich Ihnen nun viel Spaß bei der
nachfolgenden Lektüre.

Ihr Meister Proper

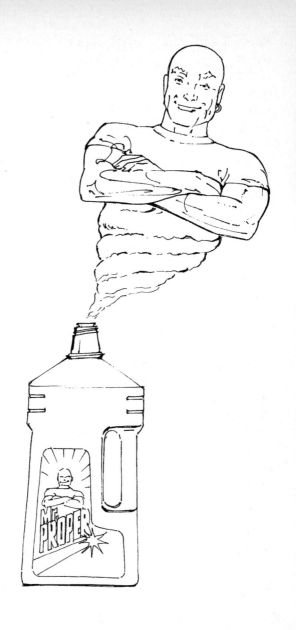

Putzmunter durch
den Putzalltag

Natürlich weiß ich, dass Putzen nicht für jedermann so schön ist wie für mich. Deshalb möchte ich Ihnen behilflich sein. Denn mit vereinten Kräften bekommen Sie und ich Ihren Haushalt schnell und kinderleicht in Form. Dank meiner Tipps und Tricks wird Ihnen die Arbeit spielend leicht von der Hand gehen. Gerade habe ich Sie mit meinen wunderbaren Verwandten bekannt gemacht. Doch es gibt noch weitere tatkräftige Helfer für den Hausputz. Darf ich Ihnen meine Putzfreunde vorstellen:

In hartnäckigen Kalkfällen greife ich auf Antikal zurück. Problemlos entfernt es die widerstandsfähigsten Kalk- und Wasserflecken. Das Besondere: Als Spray ist Antikal auch für große Oberflächen wie Badewannen, Badfliesen und Duschwände geeignet.

Damit die Wollmäuse und Spinnennetze nicht die Herrschaft in Ihrem Haus übernehmen, hilft Ihnen Swiffer. Dann haben Sie mit einem Swiff den Staub im Griff. Swiffer reinigt den Boden und staubt Möbel sowie Elektrogeräte fast von alleine ab.

Swiffer ist übrigens mein Geheimtipp für Studenten. Mit ganz wenig Arbeit macht Swiffer die Studentenbude so sauber, dass selbst die kritische Mutter hellauf begeistert ist. Wer hat schon bei dem anstrengenden Studentenleben, das sich ja oft bis in die frühen Morgenstunden erstreckt (natürlich nur wegen Forschungen etc.) Zeit und vor allem Kraft, die Bude stundenlang besuchsfein für Muttern zu machen?

Ein weiterer unersetzlicher Helfer in puncto Wohnlichkeit ist Febreze. Das ist der Frischekick für alle Textilien. Einfach aufsprühen und Polster, Gardinen, Teppiche und selbst Kleidungstücke duften herrlich frisch und sauber. Febreze gibt es für leichte Stoffe (z. B. Kleidung), als Febreze Extra (rückt Polstern, Teppichen und Autositzen auf die Faser) und als Febreze Antibac (beseitigt nicht nur Gerüche, sondern auch noch geruchsbildende Bakterien; ideal für Tierbesitzer).

Beim Spülen gehen Ihnen meine Helfer auch gerne zur Hand, egal ob Sie die Arbeit per Maschine oder per Hand erledigen. Mit Fairy (für die Spülmaschine) und Dawn (für die »Handwäsche«) haben trübe Tassen bei Ihnen keine Chance.

Wichtig: Putzmittel gehören niemals in Kinderhände. Verschließen Sie deshalb die Mittel immer gut und bewahren sie für den Nachwuchs unerreichbar auf.

Doch bevor wir starten, sollten Sie eines wissen: Putzen darf bei Ihnen keinen Stress verursachen, sondern muss Ihnen richtig Spaß machen. Mit der richtigen Einstellung geht die Arbeit wesentlich besser und schneller, als wenn Sie sich während der gesamten Putzzeit immer wieder selbst bemitleiden und die Arbeit nur widerwillig erledigen. Also: Kaffee oder Tee aufgesetzt, einen kleinen Appetithappen angerichtet, Radio oder CD-Player angestellt und los geht's.

Bevor Sie den Feudel schwingen, sollten Sie erst einmal genau festlegen, was Sie in welcher Zeit erreichen wollen.

Haben Sie nur wenig Zeit, möchten Ihre Wohnung aber besuchsfein machen, ist das mit meiner Hilfe kein Problem. Dank meiner Tipps und meiner Turbohelfer schaffen Sie es, Ihre Wohnung innerhalb kürzester Zeit im Bestzustand zu präsentieren. Auch bei der wöchentlichen Reinigung und beim Großputz gehen meine Verwandten, Helfer und ich Ihnen zur Hand. Und gemeinsam erledigen wir die Putzaktion in Rekordzeit.

Damit Ihnen das Putzen leicht von der Hand geht, brauchen Sie erst einmal die richtige Ausrüstung.

Die richtige Ausrüstung

Der Top-Hausfrau mit und ohne Familie empfehle ich (dies gilt natürlich auch für Top-Hausmänner):

- Schrubber
- Aufwischlappen
- Schwamm oder Spülbürste
- Geschirrtuch
- Swiffer (für alle glatten Oberflächen)
- Leinentücher
- Mr. Proper feuchte Allzweckreiniger-Tücher
- Eimer
- Staubsauger (für Teppiche)
- Putzmittel wie Mr. Proper Allzweckreiniger, Mr. Proper Badreiniger, Mr. Proper Glas- und Oberflächenreiniger, Antikal
- Textilerfrischer wie Febreze
- Geschirrspülmittel wie Dawn und Fairy

Studenten rate ich:

- Eimer

- Wischlappen
- Staubsauger (wenn nötig)
- Swiffer
- Mr. Proper feuchte Allzweckreiniger-Tücher
- Reinigungsmittel: Allzweckreiniger, Geschirrspülmittel, Glas- und Oberflächenspray

Berufstätigen Singles schlage ich als Putzausrüstung vor:

- Eimer
- Wischlappen
- Schrubber
- Schwamm
- Staubsauger
- Swiffer
- Mr. Proper feuchte Allzweckreiniger-Tücher
- Reinigungsmittel: Mr. Proper Allzweckreiniger, Badreiniger, Glas- und Oberflächenspray, Geschirrspülmittel (wie Dawn), Antikal
- Textilerfrischer wie Febreze

Die komplette Ausrüstung benötigen Sie nur beim wöchentlichen Putzen und beim Großputz. Bei den täglichen Putzaktivitäten kommen Sie mit weniger Putzgerät aus. Was Sie genau für welches Zimmer benötigen, finden Sie am Anfang eines jeden Kapitels.

Extratipp: Stellen Sie sich alle Utensilien, die Sie für Ihre Aktion »sauberes Heim« benötigen, zurecht. Das erspart Ihnen nervtötende Unterbrechungen, wenn die Arbeit gerade flott von der Hand geht.

Die ultimative Strategie für Ihre Putz-Premiere

Sie können »es« ignorieren, hinausschieben, anderen überlassen, Ausreden erfinden (»Ich musste mit meinem Tamagotchi zum Hausarzt«) oder davonlaufen – aber eines schönen Tages sind auch Sie dran. Denn »es« kommt, so bestimmt wie das Amen in der Kirche. Spätestens dann, wenn Sie »Hotel Mama« verlassen haben und auf eigenen Füßen stehen. Jetzt heißt es, Farbe bekennen. Hopp oder topp. Stehen Sie im Haushalt Ihren Mann? Oder sind Sie ein jämmerlicher Waschlappen?

Was, Sie haben von Tuten und Blasen keine Ahnung? Sie kennen nicht mal den Unterschied zwischen Weichspüler und Desinfektionsmittel? Dann wird es höchste Zeit für die ultimative Erst-Hausputz-Strategie.

Schritt eins: Woran erkennene ich, dass die Zeit fürs Großreinemachen gekommen ist?

Dafür gibt es drei untrügliche Anzeichen:

1. In letzter Zeit bringen Ihre Gäste häufig so seltsame Dinge wie Swiffer oder Dawn als Geschenke mit.
2. In Ihrem Aquarium schwimmen nur noch Silberfische.
3. Ihr Kollege reißt auch bei minus 30 Grad das Zimmerfenster auf, wenn Sie das Büro betreten.

Schritt zwei: Was muss ich putzen?

Blöde Frage. Wenn schon, denn schon. Alles von A (wie Anrichte) bis Z (wie Zuckerdöschen). Besonderes Augenmerk sollten Sie – sofern es bei Ihnen kein Sitzpinkel-Gebot gibt – auf Klobrille und den hinteren Halbkreis der Toilette legen!

Schritt drei: Welche Putzmittel und -geräte gibt es?

Mensch, Sie sind zu beneiden! Hatte Oma noch die Qual (Bürste, Wasser, Scheuersand), besitzen Sie die Wahl: Sprays, Pülverchen, Fleckenpasten, Allzweckreiniger, Tenside, Enyzme, Lösungsstoffe, Säuren, Alkalien, Bleichmittel, Hochdruck-Dampfstrahler, elektrostatische Wedel, Staubsauger, Tücher aus zig verschiedenen Fasern (Baumwolle, Viskose, Polyamid)...

Schritt vier: Welche Waffen wähle ich?

Das ist eine Grundsatzfrage. Ob Sie auf schwere Artillerie (chemische Keule) setzen oder auf das einstmals friedensbewegte Halstuch, das jetzt als Putzlappen dient, hängt von Ihrer ideologischen Einstellung ab. Sowie von Art und Konsistenz des Drecks.

Schritt fünf: In welchem Zimmer fange ich an?

Das ist doch nun wirklich völlig egal. Ihre Wohnung ist doch keine Kaserne! Putzen Sie ganz nach Lust und Laune. Nur ein, zwei Grundregeln sollten Sie beachten: Wischen Sie immer von oben nach unten – Boden am Schluss! Vergewissern Sie sich, dass der Sauger funktioniert, bevor Sie Staub aufwirbeln! Mindestens einmal zwischendurch Wasser wechseln, spätestens vor dem Fensterputz!

Schritt sechs: Wie halten Sie Ihren Saustall auf Dauer sauber?

Nur durch konsequente Änderung Ihres Verhaltens. Vorbeugen ist besser als bohnern! Lassen Sie es erst gar nicht so weit kommen, dass die Ameisen an ihren Straßenkreuzungen Ampeln aufstellen. Erteilen Sie dem Krabbelvieh Wohnungsverbot! Gießen Sie Ihre Kletterpflanze, bevor sie einen Trieb zum Waschbecken schickt! Lüften Sie, ehe Ihr Wellensittich Asthma kriegt!

Propere Küche

Natürlich sollte es in jeder Küche hygienisch zugehen, schließlich bereiten wir in ihr alle Mahlzeiten vor. Wie man auch mit geringem Aufwand immer eine blitzblanke und appetitliche Küche hat, verrate ich Ihnen hier. Sie brauchen lediglich

für die tägliche Pflege:
♦ Mr. Proper feuchte Allzweckreiniger-Tücher

für die gründliche Reinigung:
♦ Eimer
♦ Wischlappen
♦ Schrubber
♦ Mr. Proper Allzweckreiniger
♦ Mr. Proper Glas- und Oberflächenspray

Glanz auf allen Flächen

Den täglichen Putzaufwand haben Sie in wenigen Minuten erledigt. Räumen Sie das Geschirr in die Spülmaschine oder waschen Sie es per Hand ab. Dann wischen Sie mit meinen feuchten Allzweckreiniger-Tüchern über Tisch und Ablageflächen sowie durch das Spülbecken. Zum Abschluss werden verschmutzte Stellen auf dem Fußboden mit dem Reinigungstuch entfernt und Ihre Küche strahlt in sauberem Glanz.

Extratipp: Sind Sie stolzer Hunde- und/oder Katzenbesitzer sollten Sie mit Swiffer den Fußboden alle zwei Tage »enthaaren«.

Bei der gründlichen Putzvariante müssen Sie etwas mehr Zeit einkalkulieren.

Nachdem Sie das Geschirr gespült haben, beginnen Sie mit der eigentlichen Putzarbeit. Starten Sie mit dem Säubern der Wandkacheln. Besonders im Kochbereich verschmutzen Kacheln schnell. Fett und hartnäckige Flecken erfordern oftmals harte Handarbeit. Ich helfe Ihnen, damit Sie Ihre Kräfte sparen können – für einen schönen Spaziergang oder ein lauschiges Dinner für zwei. Einfach etwas von meinem Allzweckreiniger auf einen Schwamm geben und die Fliesen damit wischen. Mit einem Wisch gehört der Dreck der Vergangenheit an. Anschließend mit klarem Wasser nachspülen und eventuell mit einem Leinentuch trockenreiben. Fertig.

Übrigens: Vergessen Sie nicht, Tür und Türrahmen abzuwaschen.

Nach den Wandfliesen sind die abwaschbaren Schrankfronten dran. In einen Eimer mit etwa zehn Liter Wasser geben Sie zwei bis drei Kappen Allzweckreiniger mit Ihrer bevorzugten Duftrichtung. Mit einem Schwammtuch werden jetzt die Oberflächen sauber gewischt. Bei hartnäckigen Flecken geben Sie etwas Reiniger unverdünnt auf das Tuch und wischen damit noch einmal über die Stelle. Anschließend werden die Arbeitsflächen sowie der Tisch und die Stühle gewischt.

Die Heizkörperrippen werden alle zwei Wochen entweder mit dem Zusatzrohr des Staubsaugers oder einfach mit einem Swiffer-Tuch »entstaubt«.

Und damit das Spülbecken im Glanz erstrahlt, wird es mit Allzweckreiniger oder – wenn Sie es mal etwas eiliger haben – mit Badreiniger geputzt.

Kalkablagerungen und Wasserflecken können das Spülbecken unansehnlich machen. Geben Sie auf ein weiches Tuch etwas Antikal und reiben Sie damit das Becken aus.

Saft-, Kaffee- und Teeflecken können auf Arbeitsplatten recht hartnäckig sein. Geben Sie etwas Allzweckreiniger auf die Stelle und lassen ihn 30 Minuten einwirken. Dann mit einem feuchten Tuch abwischen.

Ihre Edelstahlspüle glänzt wie neu, wenn Sie sie mit der Schale einer ausgepressten Zitrone abreiben.

Ganz zum Schluss kommt der Fußboden an die Reihe.

»Bearbeiten« Sie den Küchenboden zuerst mit Swiffer, besonders wenn Sie Haustiere haben. So lassen sich Haare, Staub etc. spielend leicht entfernen.

Anschließend feucht wischen.

✴ MEINE PROPEREN MEISTER-TIPPS ✴

Wollen Sie sich in der Küche Mücken und Fliegen vom Hals halten, sorgen Sie für Lavendelduft. Diesen Geruch mögen die Plagegeister überhaupt nicht.

Beim Braten passiert es schnell, dass ein paar Fettspritzer an die Wände kommen. Diese hässlichen Flecken beseitigen Sie ganz schnell, wenn die Flecken mit Talkumpuder (mit sauberer Puderquaste auftragen) behandelt werden. Die Prozedur so oft wiederholen, bis der Fleck weg ist.

Checkliste

Täglich:
- ✔ Geschirr in Spülmaschine räumen oder abwaschen
- ✔ Tisch, Ablagen, Becken etc. mit feuchtem Allzweckreiniger-Tuch säubern

Gründliche Reinigung:

✔ Geschirr spülen
✔ Wandkacheln reinigen
✔ Schränke von außen wischen
✔ Arbeitsflächen, Spülbecken, Herd, Tisch und Stühle säubern
✔ Heizkörper entstauben
✔ Fußboden putzen (beziehungsweise »swiffern«)

Heiße Tipps für Herd und Co.

Ob Sie ein Fünfgängemenü kochen oder nur schnell einen Eintopf auf den Tisch bringen wollen, Ihr Herd wird bei der Arbeit beansprucht. Aber keine Angst – mit meinen properen Tricks werden Sie jeder Verschmutzung ganz schnell Herr.

Das Wichtigste ist: Lassen Sie Spritzer nicht erst antrocknen, sondern wischen Sie sie sofort weg. Vorsicht aber, dass Sie sich dabei nicht verbrennen.

Sind die Spritzer doch einmal eingetrocknet, weichen Sie sie mit etwas Wasser und Spülmittel auf.

Glaskeramik-Kochfelder

Ceran-Kochfelder müssen nur feucht gewischt werden. Als Reinigungsmittel reichen ein paar Spritzer Spülmittel. Nur bei hartnäckigen Verschmutzungen und eingebrannten Speiseresten muss ein Glasschaber her oder ein spezielles Reinigungsmittel.

Wichtig: Schützen Sie Ihr Glaskeramik-Kochfeld vor Kratzern. Ziehen Sie keine Schüsseln, Teller etc. mit aufgerautem Boden über Ihr Kochfeld, benutzen Sie nur Töpfe und Pfannen mit glatten – und Ceranfeld-geeigneten – Böden. Auch Scheuermilch, Stahlwolle und andere grobe Mittel schaden dem Glaskeramik-Kochfeld. Verwöhnen Sie Ihr Kochfeld in regelmäßigen Abständen, zum Beispiel einmal pro Woche, mit einem speziellen Pflegemittel. Dieses enthält nämlich Silikon und schützt das Kochfeld nicht nur vor Schmutz, sondern auch vor kleinen Kratzern.

Elektroherd

Wenn Sie die Platten eines Elektroherdes reinigen, sollten sie noch warm sein (aber natürlich nicht heiß!). Sie werden einfach mit einem feuchten Lappen, auf den etwas Spülmittel gegeben wird, abgewischt.

Haben sich um die Herdplatten starke Verkrustungen gebildet, tauchen Sie einen Lappen in Spülwasser, drücken ihn aus und legen ihn auf die Verkrustungen. Lassen Sie die Verschmutzungen einige Zeit aufweichen. Dann mit einem weichen Schwamm nachwischen.

Bei Edelstahl-Kochmulden auf keinen Fall mit harten Schwämmen oder einem Messer den Verkrustungen zu Leibe rücken, sonst verkratzen Sie das Metall.

Extratipp: Ist etwas übergekocht, geben Sie nach dem Wegwischen einige Spritzer Essig oder etwas Salz auf den Herd. Das mildert den Brandgeruch.

Übrigens: Schlechte Düfte wie Brandgeruch in der Küche verschwinden, wenn Sie etwas Wasser mit Zucker und Zimt aufkochen.

Backofen

Ein köstlicher Duft zieht durch die Wohnung. Der Sonntagsbraten im Backofen lässt der gesamten Familie das Wasser im Mund zusammenlaufen. Leider sieht der Backofen nach dem köstlichen Mahl überhaupt nicht mehr sonntäglich aus. Ich möchte Ihnen einige meiner heißesten Tricks verraten, die Ihnen die Arbeit erleichtern.

- Auch wenn es Ihnen noch so schwer fällt und die Familie erwartungsvoll und ungeduldig am Mittagstisch sitzt – machen Sie den Backofen sofort sauber. Denn frische Fettspritzer lassen sich problemlos mit Spülmittellauge oder feuchten Allzweckreinigungs-Tüchern entfernen.
- Der lauwarme Backofen wird mit heißem Wasser, dem Sie ein wenig Spülmittel wie Dawn zugeben, ausgewaschen.
- Ist etwas übergelaufen, streuen Sie am besten sofort Salz auf die Stelle. Das ist besonders wirkungsvoll, wenn vom Obstkuchen zuckriger Saft überläuft. Ist der Ofen nur noch lauwarm, können Sie den »eingesalzenen« Flecken mit einem feuchten weichen Tuch problemlos entfernen.
- Verschmutzungen, die so richtig eingebrannt sind und sich im Ofen mit hartnäckigen Krusten zeigen, weichen Sie mit einer Schmierseifenlauge auf. Seifenlauge kurz einwirken lassen und mit einem weichen Tuch wegwischen.
- Verkrustungen auf dem Boden des Backrohrs verschwinden mit Spülmittellauge. Das geht recht einfach: Verkrustung mit Spülmittellauge anfeuchten, den Backofen auf 50 Grad anwärmen und die Spülmittellauge einwirken lassen. Nach kurzer Zeit können Sie mit einem weichen Schwamm die Verschmutzungen entfernen. Anstelle von Spülmittel können Sie auch Allzweckreiniger oder Seifenlauge verwenden.
- Damit der Backofen nicht nach Spülmitteln »duftet«, erwärmen Sie Orangen- oder Zitronenschalen im Backofen.
- Wenn Ihr Backofen mit einem Leicht-Reini-

gungssystem ausgerüstet ist, haben Sie mit der Reinigung kaum Arbeit. Diese Öfen sind mit speziellem, glattem Email beschichtet, das sich leicht säubern lässt. Fettspritzer verbrennen von selbst, während Ihr Sonntagsbraten gart. Wenn Sie Ihr gutes Stück schnell auswischen, benutzen Sie nur einen weichen Lappen. Denn Stahlwolle, harte Schwämme und andere raue Lappen zerkratzen die Spezialbeschichtung.

♦ Aber nicht nur der Backofen will strahlend sauber sein, auch die Back- und Bratenbleche und Formen wollen glänzen. Am besten werden sie noch im warmen Zustand gesäubert. Hartnäckige Verschmutzungen werden eingeweicht und zwar in heißem Wasser mit einem Spritzer Spülmittel. Dawn wird mit hartnäckigen Verschmutzungen an Back- und Bratenblechen problemlos fertig. Der Vorteil für Sie: Sie sparen Kräfte, denn dank Dawn müssen Sie kaum scheuern. Auch die Backbleche danken Ihnen für die sanfte Behandlung mit strahlendem Glanz. Nach der Reinigung stellen Sie Back- und Bratenblech sowie Backformen in den warmen Backofen zum Trocknen.

 MEIN PROPERER MEISTER-TIPP

Verwenden Sie Backpapier. Das verhindert das Anbacken am Blech.

Spielend spülen:
keine Chance für trübe Tassen

Sie mögen keine trüben Tassen im Schrank und auch Teller und Besteck sollen appetitlich blank sein?

Mit den heutigen Spülhilfen ist das alles kein Problem mehr. Ob per Hand oder per Spülmaschine – der Abwasch von heute kann spielend leicht bewältigt werden.

Kleiner Spülmaschinen-Knigge

Bevor Sie die Maschine beladen, schauen Sie sich die Gläser und das Geschirr an. Alles, was nicht als spülmaschinenfest gekennzeichnet ist, waschen Sie besser mit der Hand ab. Das gilt vor allem für teures Porzellangeschirr mit Oberflächenbemalung oder empfindlichem Golddekor, für Kupfer und beschichtetes Aluminium. Auch Holzbrettchen und Bestecke mit Holzgriffen waschen Sie besser per Hand ab, denn das Holz wird sonst ausgelaugt und rissig. Vorsicht ist auch bei Kunststoffgeschirr geboten. Ist es nicht hitzebeständig, kann es sich verformen. Auch Tongeschirr verträgt die Spülmaschine nicht. Es mag nur von Hand und ohne Spülmittelzusatz mit lauwarmem Wasser gespült werden. Wenn Sie unsicher sind, waschen Sie die guten Geschirrteile besser mit der Hand ab.

Töpfe und Pfannen nehmen Ihnen in der Spülmaschine nur Platz weg, darüber hinaus erfordern die stark verschmutzen Teile stets einen vollen Spülgang. Waschen Sie das Kochgeschirr deshalb per Hand ab. Das schont Ihren Geldbeutel und spart Energie.

Silber- und Chrombestecke mögen sich in der Spülmaschine überhaupt nicht. Berühren sie sich in der Maschine im Besteckkorb, laufen beide dunkel an. Silberbestecke sollten daher von anderen Bestecken getrennt in die

Maschine einsortiert und bei niedriger Temperatur gereinigt werden.

Achten Sie beim Einräumen darauf, dass der Spülarm nicht von Geschirr blockiert wird und sich drehen kann. Sonst wird Ihr Geschirr nicht richtig gespült.

Unsauberes Geschirr kann auch durch verstopfte Düsen im Spülarm verursacht werden. Also regelmäßig die Düsen überprüfen.

Handwäsche

Wer keine Spülmaschine hat oder empfindliches Porzellan und Gläser reinigen will, muss mit der Hand abspülen. Mit einem modernen Spülmittel, das stark gegen Fett und sanft zu den Händen ist, wie zum Beispiel Dawn, ist das kein Problem. Das Abtrocknen können Sie sich sparen, wenn Sie das Geschirr in einem Abtropfgestell »parken« und trocknen lassen.

 MEINE PROPEREN MEISTER-TIPPS

Wenn Sie beim Abtrocknen Fussel auf Ihren Gläsern vermeiden wollen, trocknen Sie nur mit Geschirrtüchern aus reinem Leinen ab.

Kostbares Geschirr spülen Sie in einer Plastikschüssel oder im Becken, das Sie mit einem Handtuch ausgepolstert haben. Und damit es wirklich keine Scherben gibt, spülen Sie jedes Stück einzeln.

Gute Gläser werden ebenfalls in einem ausgepolsterten Becken oder in einer Plastikschüssel gespült. Das Wasser sollte nur handwarm sein. Fassen Sie Stielgläser beim Spülen nur am Stiel an und spülen Sie sie einzeln.

Gläser und Geschirr mit Goldrand dürfen nicht zu lange im Spülwasser bleiben. Die zarten Verzierungen könnten sich lösen. Deshalb kostbare Teile nicht einweichen, sondern zügig abwaschen. Einweichen ist auch nicht nötig, wenn Sie das gute Porzellan nach Gebrauch sofort abspülen. So können keine Essensreste antrocknen.

Holzbrettchen immer nur in Richtung der Maserung reinigen. So zerkratzen Sie das Holz nicht.

Damit Sie recht lange Freude an den Holzbrettern haben, sollten Sie sie hin und wieder mit Pflanzenöl einreiben. Diese Kur sorgt dafür, dass sie wie neu bleiben und viel länger halten.

Damit Ihr helles Holzbrett beim Schneiden nicht die Farbe der Lebensmittel annimmt, sollten Sie es vor Gebrauch ausgiebig mit kaltem Wasser abspülen. Denn wegen seiner porösen Beschaffenheit nimmt Holz gerne die »saftigen« Farbstoffe, vor allem von Kräutern oder Spinat, auf. Durch die vorherige Wasserbehandlung ist das Holz »gesättigt«, die Farbstoffe können nicht eindringen. Nach dem Gebrauch wieder kalt abspülen.

Steinguttöpfe und Tontöpfe können einen eigenartigen Geruch annehmen. Spülen Sie in diesem Fall Ihre Töpfe mit einer Spülmittellauge, der Sie einen Spritzer Essigessenz beigeben. Sie riechen dann wieder herrlich frisch.

Küchengerüche verfangen sich gerne in den Gardinen. Hier hilft Febreze. Der Textilerfrischer beseitigt die »Düfte« schnell und zuverlässig.

Preisschilder lassen sich von Gläsern leicht entfernen, wenn Sie das Glas in lauwarmem Spülwasser einweichen.

Glänzendes Silberbesteck

Silberbesteck läuft nicht mehr so schnell an, wenn Sie die Besteckschublade mit Alufolie auslegen und das Besteck in einem Plastikbeutel aufbewahren.

Fleckiges Besteck wird ohne Chemie mit saurer Milch sauber. Das Besteck einfach für ein bis zwei Stunden in die saure Milch legen. Dann mit lauwarmen Wasser abwaschen und gut abtrocknen.

Glänzendes Silberbesteck erhalten Sie ohne Anstrengung, wenn Sie es in Alufolie wickeln und eine halbe Stunde im Wasser kochen.

Ein hervorragendes Silberputzmittel, das Sie selbst herstellen können: Einen Liter warmes Wasser mit je vier Teelöffel Salz und Soda vermischen. Besteck einige Minuten in die Lösung legen, dann mit Spülwasser reinigen, mit klarem Wasser nachspülen und mit einem weichen Tuch polieren.

Ein Tipp aus Großmutters Schatzkästlein: Silber wird wunderschön glänzend, wenn es mit abgeseihtem Kartoffelwasser geputzt wird.

Töpfe und Pfannen

Welche Hausfrau kennt das Missgeschick nicht: Eine Minute nicht aufgepasst und schon ist das Essen angebrannt.

Töpfe und Pfannen bekommen Sie einfach wieder sauber,

indem Sie den geschädigten Topf (oder die Pfanne) sofort mit Spülmittel wie Dawn und Wasser einweichen.

Widersetzt sich der angebrannte Speiserest dieser Behandlung, geben Sie einen Esslöffel Salz hinzu und lassen alles einmal aufkochen.

Zu Großmutters Zeiten wurden Topf- oder Pfannenböden noch mit Backpulver gesäubert: etwas Backpulver mit Wasser aufkochen und mit Spülmittel gründlich reinigen.

Richtige Vorratshaltung

Vorratshaltung ist kein Schnee von gestern, sondern gerade in unserer hektischen Zeit ungeheuer wichtig. Vor allem, wenn Sie berufstätig sind, sollten Sie einen gewissen Vorrat an Lebensmitteln zu Hause haben.

Denn erstens macht es kaum jemandem Spaß, nach einem harten Arbeitstag noch durch die Geschäfte zu rennen. Zweitens gilt: Je knapper die Zeit, desto größer die Wahrscheinlichkeit, dass Ihnen auf der Jagd nach einem Abendessen ein Fehlgriff unterläuft. Und drittens: Unangemeldete Gäste, Krankheit oder schlechtes Wetter bringen Sie nicht an den Rand der Verzweiflung, wenn Sie einen Notvorrat angelegt haben.

Hier meine besten Tipps, wie Frisches appetitlich bleibt:

Brot
Wickeln Sie frisches Brot in Frischhaltefolie und legen Sie es mit der Schnittkante nach unten in einen Keramiktopf. Für längere Lagerung (ca. zehn Tage) eignen sich roggenhaltige Sorten am besten. Weizenbrot bleibt so versorgt nur etwa zwei Tage frisch.

Schnittbrot lassen Sie am besten in der Originalpackung. Für lange Vorratszeit eignet sich Knäckebrot. Luftig und trocken aufbewahrt, bleibt es etwa ein Jahr lang knackig.

Etwa zwei Monate bleiben Brot und Brötchen frisch, wenn Sie sie auf Eis legen. Am besten frieren Sie Brot fertig geschnitten ein.

Milchprodukte

Butter lagern Sie am besten im Seitenfach des Kühlschranks. So bleibt sie streichfähig und hält sich bis zu vier Wochen.

Großmutter hielt Butter für lange Zeit mit Salzwasser frisch: Sie kochte Salzwasser auf, ließ es abkühlen und legte die Butter hinein.

Um immer frische Butter im Haus zu haben, frieren Sie einige Pakete ein. So gelagert hält sich die Butter etwa sechs Monate.

Zur Vorratshaltung ist H-Milch ideal. Dunkel und trocken gelagert hält sie etwa drei Monate. Angebrochene Packungen halten sich im Kühlschrank etwa vier Tage.

Achten Sie bei Sahne und Joghurt auf das Mindesthaltbarkeitsdatum. Ungeöffnete Becher überstehen zwei, drei Wochen ohne Qualitätsverlust. Wenn Sie viel süße Sahne benötigen, legen Sie einen Vorrat von H-Sahne an. Sie lässt sich wie H-Milch etwa drei Monate lagern.

Obst und Gemüse

Die meisten Obst- und Gemüsesorten mögen es kühl und feucht. Daher ist der beste Platz das Gemüsefach. Viele Gemüsesorten sowie Beeren- und Steinobst halten sich im Kühlschrank etwa zwei bis drei Tage.

Ausnahme: Wurzelgemüse. Es bleibt etwa acht Tage frisch.

Damit die gesunde Kost frisch und schön knackig bleibt, decken Sie sie mit einem feuchten Tuch ab oder wickeln Sie

sie in feuchtes Haushaltspapier. So verpackt hält sich zum Beispiel Blattsalat bis zu fünf Tage lang. Da bei längerer Lagerung von Obst und Gemüse Vitamine absterben, legen Sie sich am besten einen Vorrat an tiefgekühltem Gemüse und Obst an.

Kartoffeln lagern Sie im Keller. Gut aufgehoben sind sie in einem Karton, den Sie mit vielen Luftlöchern versehen und auf Ziegelsteinen (oder einer anderen Unterlage) erhöht aufstellen. Haben Sie keine Möglichkeit, die Kartoffeln im Keller zu lagern, legen Sie sie in einen Tontopf, der vor Licht schützt und die tolle Knolle atmen lässt. Auf jeden Fall sollte der Kartoffel-Tontopf kühl stehen. Ein idealer Platz ist zum Beispiel Balkon oder Terrasse.

Extratipp: Möchten Sie Kartoffeln auf Vorrat schälen, vielleicht weil Sie Gäste erwarten? Dann legen Sie die frisch geschälten Kartoffeln in eine Schüssel mit kaltem Wasser, dem Sie einen Schuss Essig beigegeben haben, und stellen Sie alles in den Kühlschrank. Mit dieser Methode bleiben Kartoffeln etwa vier Tage frisch.

Wurst

Frischer Aufschnitt hält sich einige Tage frisch, wenn er in Kunststoff- oder Edelstahlbehältern in der kühlsten Zone des Kühlschranks aufbewahrt wird. Für längere Lagerzeiten sind geräucherter Schinken oder geräucherte Wurst am Stück ideal. Wenn sie an einem kühlen, dunklen Ort luftig hängen, bleiben sie mehrere Monate frisch.

Bei Wurst, die in Folie verschweißt ist, richten Sie sich nach dem Haltbarkeitsdatum auf der Verpackung.

Fleisch

Fleisch und Geflügel nehmen Sie aus der Verpackung und legen sie in eine abgedeckte Schüssel. Diese »parken« Sie an der kältesten Stelle im Kühlschrank (in der Regel ist das die Glasplatte über dem Gemüsefach). So können Fleisch und Geflügel zwei Tage aufbewahrt werden.

Extratipp: Reiben Sie Fleisch mit Öl oder Essig ein. Dann bleibt es appetitlich frisch und wird zarter.

Hackfleisch verdirbt schneller und sollte deshalb so schnell wie möglich nach dem Einkauf verarbeitet werden. Gebraten können Sie es im Kühlschrank etwa zwei Tage aufbewahren.

Möchten Sie immer einen Braten auf Vorrat haben, sollten Sie Fleisch einfrieren. Fleisch auf Eis ist etwa drei Monate, Geflügel sechs Monate haltbar.

Fisch

Frische Fische und Krustentiere sollten möglichst schnell zubereitet werden. Bewahren Sie sie im Kühlschrank maximal einen Tag lang auf.

Geräucherter Fisch bleibt – in Frischhaltefolie gepackt – im Kühlschrank bis zu drei Tage appetitlich. Bei geräuchertem Fisch, der in Folie verschweißt ist, gilt das Haltbarkeitsdatum auf der Verpackung.

Wenn Sie begeisterter Fischesser sind, legen Sie sich einen Fischvorrat auf Eis. In der Tiefkühltruhe sind die Köstlichkeiten aus dem Wasser etwa drei Monate haltbar.

Was Sie sonst noch benötigen

Zucker und Salz sind unbegrenzt haltbar, wenn Sie sie vor Feuchtigkeit schützen.

Mehl hält sich etwa zwölf Monate, wenn es luftig und trocken aufbewahrt wird, zum Beispiel in einer Blechdose. Doch Vorsicht: Vollkornmehl ist nur etwa zwei Monate haltbar.

Nudeln und Reis sind etwa ein Jahr genießbar. Ausnahmen: Vollkornnudeln (sechs Monate) und Vollkornreis (drei Monate).

Speiseöle halten sich ungeöffnet und dunkel gelagert etwa sechs bis zwölf Monate, geöffnet nur bis zu acht Wochen.

Tee kann in Dosen oder Gläsern luftdicht und lichtgeschützt bis zu drei Jahre ohne allzu großen Aromaverlust aufbewahrt werden.

Kaffee bleibt in aromadichter Verpackung ungeöffnet etwa ein Jahr aromatisch. Geöffneten Kaffee bewahren Sie am besten im Kühlschrank auf. So behält er recht lange sein Aroma.

Schokolade bleibt bei Raumtemperatur gelagert etwa ein halbes Jahr genießbar.

Notration – damit Sie keinen Hunger leiden ...

Für den Fall des Falles – Krankheit, Überstunden, verpasster Bus, schlechtes Wetter etc. – sollten Sie immer eine kleine Notration im Schrank, Kühlschrank und im Tiefkühler haben:

Im Kühlschrank: H-Milch, H-Sahne, in Folie verschweißte Wurst (regelmäßig das Haltbarkeitsdatum überprüfen)

Im Küchenschrank: Mehl, Zucker, Salz, Nudeln, Reis

Im Tiefkühlschrank: Fleisch, Gemüse, Obst, Butter, Brot

Extratipp: Kochen Sie öfters einige Portionen mehr und frieren Sie sie ein. An manchen Tagen sind Sie froh, wenn Sie einfach Reste auftauen können.

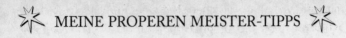

MEINE PROPEREN MEISTER-TIPPS

Tomaten besser bei Zimmertemperatur lagern. Sie büßen sonst an Geschmack ein.

Äpfel im Gemüsefach des Kühlschranks lagern, dann werden sie nicht mehlig.

Vom Bund Radieschen oder Möhren immer das Grün abschneiden. Das Gemüse verliert sonst zu viel Feuchtigkeit und verschrumpelt.

Porreestangen nicht angeschnitten aufbewahren. Es treten ätherische Öle aus, die unangenehm riechen. Außerdem wird der Porree bitter.

So fliegen unerwünschte Gäste aus

Mehlmotten fühlen sich in der Küche besonders wohl. Hier meine Tricks und Tipps, damit die ungeliebten Gäste schnell wieder ausfliegen und am besten nicht mehr wiederkommen.

Schnelle Hilfe: Haben sich Mehlmotten eingenistet, hilft nur eines: Küchenschrank ausräumen und alle offenen Packungen wegwerfen. Dann den Küchenschrank mit der Fugendüse des Staubsaugers gründlich aussaugen und anschließend mit feuchten Allzweckreiniger-Tüchern auswischen. In Einbauschränken nisten die ungebetenen Hausgäste bevorzugt in den Löchern für die Stifte der Einlagebretter. Deshalb: Stifte rausziehen und die Löcher mit Wattestäbchen sorgfältig reinigen. Dann noch einmal gründlich aussaugen, damit alle Eier und Raupen erwischt werden. Anschließend die Schränke mit Essigwasser auswaschen. Mit einem trockenen Tuch die Schränke noch einmal auswischen und sie dann gut austrocknen lassen.

Damit die kleinen Biester nicht wiederkommen, sollten Sie beim Einkauf keine beschädigten Verpackungen mitnehmen. In der Regel schleppt man sich die lästigen Untermieter unbemerkt nach Hause. In Getreide, Müsli, Mehl, aber auch Nüssen oder Trockenfrüchten können Eier und Larven von Mehlmotten versteckt sein.

Füllen Sie Ihren Vorrat in verschließbare Dosen aus Metall, Kunststoff oder Glas. Vor dem Umfüllen achten Sie darauf, ob zarte Spinnfäden Müsli, Getreide und Co. überziehen. Das kann ein Anzeichen von Schädlingsbefall sein.

Wischen Sie die Schränke regelmäßig aus und beseitigen Sie herumliegende Krümel in den Schränken sofort.

Legen Sie Ihre Schränke nicht mit Papier oder Folie aus, denn darunter können sich die geflügelten Gäste hervorragend verstecken.

Waschen Sie den Brotkasten regelmäßig mit Essigwasser aus. Das hält Mehlmotten fern.

☞ **Die wichtigsten Tipps auf einen Blick** ☜

- Flecken auf dem Küchenfußboden verschwinden mit meinem Mr. Proper Allzweckreiniger-Tuch ganz flott.
- Ist etwas übergekocht, mildert ein Spritzer Essig auf dem Verbrannten den Brandgeruch.
- Ist der Backofen noch lauwarm, lässt er sich mit Spülmittellauge leicht reinigen.
- Holz, Kunststoff, Tongeschirr und manches Dekor lieben keine Spülmaschine.
- Verbrannte Töpfe werden mit Backpulver wieder sauber.

Exkurs:
Marmor, Stein und Linoleum glänzt ...
Bodenpflege leicht gemacht

Um einen tipptopp gepflegten Fußboden zu haben,
müssen Sie wissen, aus welchem Material er besteht.
Denn so manches Material verträgt nur ganz be-
stimmte Reiniger. Außerdem gibt es einige kleine Tipps
und Tricks, wie Sie mit wenig Aufwand ein glänzendes
Ergebnis erzielen.

Marmor
Versiegelte Marmorböden sind pflegeleicht. Feuchtes
Wischen mit lauwarmem Wasser und einem Schuss
Mr. Proper Allzweckreiniger genügt. Anschließend den
Marmorboden mit klarem Wasser nachwischen und
einem weichen Tuch trocknen. Wichtig ist, dass der
kostbare Marmorboden nicht zu nass geputzt wird.

Steinboden
Steinboden lässt sich problemlos mit lauwarmem Wasser, dem einige Spritzer Allzweckreiniger zugefügt werden, reinigen.

Linoleum
Linoleumböden werden nur mit lauwarmem Wasser
und etwas Allzweckreiniger gewischt. Flecken werden
ganz behutsam mit einem weichen Tuch entfernt.
Schrubben Sie die verfleckte Stelle auf keinen Fall, da
sonst die empfindliche Oberfläche zerkratzen kann.
Da Großmutter damals noch nicht auf Allzweckreiniger

zurückgreifen konnte, reinigte sie Linoleum mit dem Kochwasser von Kartoffeln.

Kunststoff
Kunststoffböden sind überaus pflegeleicht. Sie lassen sich problemlos mit Wasser, dem man meinen Allzweckreiniger beigibt, reinigen.

Laminat
Auch dieser Bodenbelag ist sehr pflegeleicht. Er lässt sich problemlos kehren und wischen. Für absolute Sauberkeit Allzweckreiniger ins Wasser geben und den Boden damit feucht wischen. Mit einem alten Geschirrhandtuch den Boden danach trocken reiben. Statt des Aufnehmers ziehen Sie das Trockentuch über den Schrubber und trocknen so den Boden.

Keramikfliesen
Keramikfliesen werden bevorzugt in Küche und Bad verlegt. Die Reinigung ist denkbar einfach: Mr. Proper Allzweckreiniger in das Wasser geben und den Boden damit aufwischen. Trockenreiben ist nicht notwendig.

Natursteinfliesen
Unglasierte Natursteinfließen dürfen nicht gewischt werden, bevor sie – direkt nach dem Verlegen – mit Leinöl imprägniert werden. Zwei Wochen nach der Leinöl-Kur darf der Boden erstmals feucht aufgewischt werden. Dem Putzwasser wird nur ein wenig Allzweckreiniger beigegeben.

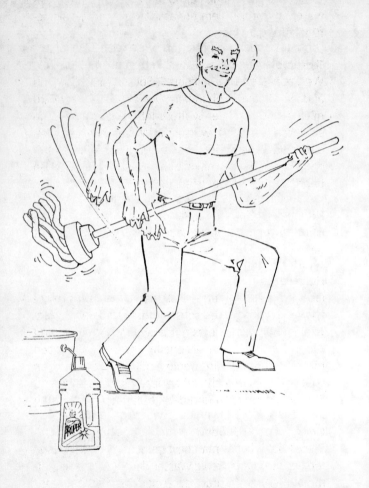

Mosaik
Dieser wunderschöne Fußboden wird einfach mit lauwarmem Wasser, dem etwas Allzweckreiniger beigefügt wird, gereinigt.

Terrazzo
Wer im Besitz eines solchen Fußbodens ist, sollte ihn äußerst pfleglich behandeln. Der Terrazzoboden wird mit einem Besen oder Swiffer-Mob gekehrt. Nur wenn er sehr schmutzig ist, wird er mit Wasser gereinigt, dem ein Spritzer Neutralreiniger beigegeben wurde. Anschließend feucht mit klarem Wasser nachwischen und mit einem fusselfreien Tuch trockenreiben.

Kork
Ist dieser Naturboden versiegelt, wird er einfach feucht gewischt.

Holz
Ob Diele oder Parkett – Holz darf nicht zu nass gewischt werden, da es sonst aufquillt. Ist das Parkett versiegelt, putzen Sie es mit lauwarmem Wasser und Allzweckreiniger. Unversiegelte Holzböden werden mit Wasser, dem ein wenig Spülmittel beigegeben wurde, nur halbfeucht, längs der Maserung gewischt. Gut trocknen lassen und dann bohnern.

Gestrichene Fußböden
Diese Böden findet man bevorzugt im Keller. Am besten werden sie mit wenig Wasser, dem ein Spritzer Spülmittel beigefügt wurde, gesäubert. Wichtig ist, dass sie nach der Reinigung gut abgetrocknet werden.

So entfernen Sie Flecken vom Boden

Wie bei der Pflege des Bodens hängt die beste Vor-
gehensweise auch bei der Fleckentfernung entschei-
dend vom Material Ihres Fußbodenbelags ab.

Parkett

Wasserflecke verschwinden, wenn sie mit Leinöl be-
strichen werden.

Flecke unbekannter Herkunft beseitigen Sie mit Spiritus. Spiritus kurz einwirken lassen, dann gründlich
mit handwarmen Wasser entfernen.

Absatzspuren werden einfach wegradiert.

Kacheln

Beseitigen Sie Fettflecke möglichst schnell, damit der
Küchenboden nicht zur Schlittschuhbahn wird (und
damit das Fett nicht durch die ganze Wohnung getragen wird) mit lauwarmem Wasser, dem Sie etwas
Geschirrspülmittel beigeben. Denn Geschirrspülmittel
wie Dawn beseitigt durch seinen Fettlöser diese Flecken ganz schnell. Anschließend mit einem feuchten
Allzweckreiniger-Tuch nachwischen. Wirkungsvoll ist
auch das Bestreuen des Fetts mit Salz oder Kartoffelmehl. Wasserflecke entfernen Sie durch Abwaschen
mit Essigwasser.

Flecke und Streifen von Schuhabsätzen verschwinden, wenn sie mit farbloser Schuhcreme abgerieben
werden.

Mosaik
Flecke unterschiedlichster Herkunft entfernen Sie mit Zitronensaft. Nachwischen mit klarem Wasser nicht vergessen!

Terrazzo
Flecke entfernen Sie nur mit Wasser, dem ein Spritzer Neutralreiniger beigegeben wurde.

Laminat
Absatzspuren radieren Sie mit einem weichen Radiergummi einfach aus.

Linoleum
Tintenflecke verschwinden ganz schnell, wenn Sie Zitronensaft darauf träufeln. Ein bis zwei Minuten einwirken lassen und dann abwischen.

Stein
Hartnäckige Flecke verschwinden mit Schmierseifenlösung wie durch Zauberhand: Einfach etwas Schmierseife in lauwarmem Wasser auflösen und die Flecken damit behandeln.

MEIN PROPERER MEISTER-TIPP

Liegt auf dem Parkettboden ein Teppich, darf der Boden nicht gebohnert werden. Das Wachs wird sonst nämlich auf den Teppich getragen. Die Folge: Die Wolle verklebt und der Teppich verschmutzt schneller.

Die zehn Goldenen Handgriffe für eine saubere Wohnung

Klar haben Sie es morgens eilig. Der Bus oder der Chef warten nicht gerne. Aber es ist völlig entnervend, abends in eine chaotische Wohnung zu kommen, wo Sie dann nach einem harten Arbeitstag auch noch eine Aufräumorgie starten, statt zufrieden die Beine hochzulegen. Ich verrate Ihnen jetzt zehn Handgriffe, mit denen Sie Ihre Wohnung morgens blitzsäubern können. Sie brauchen dafür nur meine Allzweckreiniger-Tücher und zehn Minuten Zeit.

Küche
♦ Auch wenn die Zeit am Morgen noch so drängt, räumen Sie das Frühstücksgeschirr in die Spülmaschine oder spülen Sie es schnell ab. Abtrocknen ist nicht nötig, stellen Sie es einfach in das Abtropfgestell.
♦ Wischen Sie über den Tisch und beseitigen Sie die Krümel. Die Küche sieht gleich aufgeräumt aus, wenn der Tisch sauber und frei ist. Schnell und hygienisch sauber geht das mit meinen feuchten Mr. Proper Allzweckreiniger-Tüchern. Ein kurzer Wisch und Ihr Tisch ist blitzblank.

Badezimmer
♦ Reiben Sie mit meinen feuchten Allzweckreiniger-Tüchern das Waschbecken und die Dusche bzw. die Badewanne sauber.
♦ Hängen Sie die Handtücher ordentlich auf. Schmutzwäsche verschwindet in die Waschmaschine oder in einen speziellen Behälter.

Wohnzimmer

♦ Zeitschriften im Wohnzimmer ordentlich zusammenlegen und in ein Extrafach verschwinden lassen. Aschenbecher auswaschen. Gerüche in Sofas, Kissen, Teppichen, Vorhängen und anderen Textilien beseitigen Sie mit Febreze.

Schlafzimmer

♦ Machen Sie auf jeden Fall die Betten. Es muss nicht besonders akkurat sein. Wenn es etwas gepfuscht aussieht, legen Sie eine schöne Tagesdecke darüber. Das Schlafzimmer wirkt dann gleich ordentlich. Riecht die Tagesdecke ein wenig muffig, können Sie sich das Waschen oder Reinigen ersparen, wenn Sie sie mit Febreze behandeln.

Kinderzimmer

♦ Im Kinderzimmer die Betten in den Bettkasten verfrachten.

♦ Stellen Sie im Kinderzimmer eine große Kiste oder Plastiktonne auf. Dort werfen Sie alles hinein, was noch auf dem Boden herumliegt. Dieses Aufräumen hat drei unschlagbare Vorteile: 1. Sie sind in wenigen Minuten fertig. 2. Ihre unordentlichen Sprösslinge werden die Tonne schon auf der Suche nach ihren Habseligkeiten durchforsten und mit etwas Glück aufräumen. 3. Die meisten Kids verlieren irgendwann die Nerven und räumen abends den Boden frei, damit sie nicht den nächsten Tag mit der Suche nach ihren Habseligkeiten verbringen.

Flur

♦ Im Eingangsbereich verschwinden die Schuhe in den Schuhschrank. Extratipp: Sprühen Sie öfter mal den

Schuhschrank mit Febreze aus. Das hilft hervorragend gegen dicke Luft im Schuhschrank. Von der Garderobe werden Jacken und Mäntel abgenommen, die nicht täglich benötigt werden.

- »Swiffern« oder saugen Sie den Eingangsbereich im Schnellverfahren. Die gesamte Wohnung wirkt gleich sauber und ordentlich, wenn der Eingangsbereich glänzt. Verwenden Sie einen Minisauger (Tischsauger), den Sie in einer Schublade im Flur aufbewahren. Er arbeitet mit Akku und ist in einer Sekunde ohne Schlepperei einsatzbereit.

Checkliste

✔ Geschirr abräumen
✔ Tisch mit Allzweckreiniger-Tuch wischen
✔ Becken, Dusche und Badewanne putzen
✔ Handtücher aufhängen
✔ Zeitschriften wegräumen und Aschenbecher auswaschen
✔ Betten machen
✔ Spielzeug in Spielzeugkiste packen
✔ Schuhe und Jacken wegräumen
✔ Flur säubern

Die Putzdiät

Sie haben die Nase voll von Frühjahrs- und Mondscheindiäten? Bei den ach so lustigen Fitness-Sendungen im Fernsehen kriegen Sie einen Weinkrampf? Das verstehe ich durchaus. Aber von nichts kommt nun mal nichts.

Trotzdem müssen Bikinifigur und Waschbrettbauch kein unerfüllbarer Traum für Sie bleiben. Um rank und schlank zu werden, brauchen Sie weder Streckbank noch Gewichte, sondern ganz einfach nur eine Wohnung. Denn die eigenen vier Wände sind ein wahres Fitness-Paradies. Mit der individuell auf Sie abgestimmten Putzdiät bekommen Sie Ihre Traumfigur zurück. In null Komma nichts.

Als idealen Anlass für den Start Ihrer Putzdiät empfehle ich die Rückkehr aus dem Urlaub. Warum? Ganz einfach, weil die schönsten Wochen des Jahres in der Regel unübersehbare Spuren hinterlassen haben. Sowohl an Ihrem Körper als auch in Ihrer Wohnung. Während die Schwimmringe um Ihre Hüften noch etwas gewachsen sind, haben sich auf Schrank, Sofa & Co. dicke Staubschichten gebildet, in einigen Ecken feiert der angesammelte Schmutz ausgelassene Partys.

Also, nichts wie ran an Speck und Dreck! Aber bitte nichts überstürzen! Auch beim Saubermachen ist weniger manchmal mehr. Deshalb mein Tipp: mäßig, aber regelmäßig! Dosieren Sie Ihre Putzdiät so, dass sie lang anhaltenden Erfolg verspricht. Zum Beispiel durch ein Intervallprogamm: alle drei Wochen ein Zimmer, alle vier Wochen die Fenster.

Unsere Kalorientabelle zeigt Ihnen, welch positive Auswirkungen regelmäßiges Großreinemachen auf Körper (und Wohnung!) besitzt. Und um wie viel effektiver Putzen gegenüber anderen Freizeitbeschäftigungen ist:

fernsehen	40 Kalorien je 30 Minuten
Skat spielen	51 Kalorien je 30 Minuten
schlafen	30 Kalorien je 60 Minuten
Fitness-Studio	360 Kalorien je 60 Minuten inkl. 150 Sit-ups
Staub saugen und wischen	150 Kalorien pro Zimmer
Küche und Flur komplett reinigen	200 Kalorien
Toilette und Bad putzen	100 Kalorien
Wäsche aufhängen	50 Kalorien
Geschirr spülen	76 Kalorien
sonstige Aufräumarbeiten	200 Kalorien

Wenn Sie sich an dieses Putzpensum halten, schlagen Sie gleich drei Fliegen mit einer Klappe: Erstens bleiben Sie topfit und können sich nun ohne Gewissensbisse sogar hin und wieder eine leckere Buttercremetorte (440 Kalorien pro Stück) gönnen. Zweitens erstrahlt Ihr Haushalt künftig in einem solchen Glanz, dass selbst Meister Proper rot wird vor Neid. Und, last but not least, brauchen Sie nie wieder eine Frühjahrs- oder Mondscheindiät!

Blitzblankes Bad

Das Bad dient der Reinigung und sollte deswegen tunlichst nicht allzu schmutzig sein. Schließlich sollen Ihre Lieben das Bad sauberer verlassen, als sie es betreten haben. Wenn Sie meine Tipps beachten, können Sie das Bad aber mit geringem Aufwand immer recht ordentlich halten. Sie brauchen

für die tägliche Reinigung:
♦ **Schwammtuch**
♦ **Allzweckreiniger-Tücher**
♦ **Antikal**

für die gründliche Reinigung:
♦ **Tücher**
♦ **Wischlappen**
♦ **Schrubber**
♦ **Eimer**
♦ **Fensterleder**
♦ **Papier-Küchenrolle**
♦ **Mr. Proper Badreiniger**
♦ **Spülmittel**
♦ **Mr. Proper Glas- und Oberflächenspray**
♦ **Swiffer**

Kampf der täglichen Verwüstung

Montagmorgen: Die Familie ist durchs Badezimmer gestürmt und hat den Raum wie ein Schlachtfeld zurückgelassen. Eine Überschwemmung auf dem Boden, nasse, zerknüllte Handtücher, Zahnpasta im Becken und aufgeweichte Seife sind Zeugen der lobenswerten Körperhygiene Ihrer Lieben. Und das Chaos dürfen Sie jetzt beseitigen. Keine Panik. Mit meinen Tipps und Ratschlägen machen Sie in wenigen Minuten klar Schiff:

- **Wischen Sie mit einem großen, trockenen Schwammtuch über den Boden.**
- **Waschbecken, Dusche und Toilette wischen Sie mit meinen Allzweckreiniger-Tüchern.**
- **Hängen Sie die Handtücher auf.**

Doch einmal pro Woche verlangt das Badezimmer eine gründliche Reinigung. Starten Sie mit den Wandfliesen. Mit meinem Badreiniger werden Fliesen und Boden ganz schnell wieder blitzblank. Und das ohne kräftezehrendes Schrubben. Badreiniger einfach in das Putzwasser geben und Wandfliesen sowie Fußboden wischen. Da mein Badreiniger selbständig auch hartnäckigen Schmutz löst, müssen Sie nicht schrubben. Und: Sie müssen nicht mit klarem Wasser nachwischen. Also nur einmal kurz wischen und Boden und Fliesen erstrahlen in streifenfreiem Glanz. Tür und Türrahmen waschen Sie mit Spülmittellauge ab. Auch die Fensterrahmen können mit dieser Lauge gesäubert werden. Die Glasscheiben werden mit meinem Glas- und Oberflächenspray wieder klar.

Den Heizkörper entstauben Sie mit dem Staubsauger oder einem Swiffer-Tuch.

 MEINE PROPEREN MEISTER-TIPPS

Wollen Sie Ihr Badezimmer recht lange glänzend erhalten, sprühen Sie die Kacheln nach der Reinigung mit Antikal Spray ein. Lassen Sie es kurz

einwirken. Dann einfach abspülen. Alles glänzt wunderbar, das Wasser wird die nächste Zeit von den Fliesen abperlen.

Sind die Fliesen sehr stark verschmutzt, dann hilft eine Reinigung mit Allzweckreiniger. Tuch eintauchen und die Fliesen damit abwischen.

Sind Ihre Wandfliesen matt, tauchen Sie ein Fensterleder in Salmiakgeist und reiben damit die Kacheln ab. Wischen Sie mit klarem Wasser nach und trocknen Sie die Kacheln mit einem fusselfreien Tuch. Sie werden in neuem Glanz erstrahlen.

Die Putzbemühungen in Ihrem Badezimmer kommen nicht richtig zur Geltung, wenn die Kachelfugen verschmutzt sind. Weiße Fugen können Sie blitzschnell auffrischen, indem Sie sie mit Schlämmkreide einreiben.

Oder Sie stellen einen Brei aus Backpulver und Wasser her und tragen ihn auf die Fugen auf. Lassen Sie ihn etwa eine Stunde einwirken und reinigen Sie dann die Fugen gründlich mit klarem Wasser.

Strahlen die Badezimmerwände in reinem Glanz, können Sie sich Spiegel, Armaturen, Waschbecken & Co. widmen.

Spieglein, Spieglein an der Wand

Zahnpastaspritzer, Wasserflecken etc. machen einen klaren Blick auf das Spiegelbild recht schwer.

Reinigen Sie den Spiegel mit einer schwachen Spülmittellauge und wischen Sie ihn mit einem weichen Fensterleder trocken.

Damit der Spiegel beim Duschen oder Baden nicht beschlägt, wischen Sie ihn mit einem Antibeschlagtuch. Damit wischen Sie einfach über den Spiegel und haben einige Tage klare Sicht. Das Tuch ist eigentlich für Autoscheiben gedacht; Sie erhalten es an Tankstellen und im Fachhandel für Autozubehör.

Ein Trick aus Großmutters Schatzkästchen: Reiben Sie den Spiegel mit Seife ein und polieren Sie ihn mit Papier-Küchentüchern. Danach beschlägt er ebenfalls nicht mehr.

Blitzblank wird jeder Spiegel ohne Putzmittel mit Kartoffeln: Einfach eine rohe Kartoffel halbieren und die Schnittfläche über den Spiegel reiben. Dann mit klarem Wasser nachwischen und mit Papier-Küchentüchern trockenreiben. Großmutter benutzte damals Zeitungspapier, mit Haushaltspapier geht es aber wesentlich einfacher.

MEINE PROPEREN MEISTER-TIPPS

Sie haben gerade heiß geduscht und möchten sich vor dem Spiegel schminken, aber er ist beschlagen. Wenn die Zeit drängt, hilft eines: Haartrockner einstecken und den Spiegel fönen. In wenigen Sekunden ist die Sicht wieder klar.

Angelaufene Spiegel werden wieder blank, wenn Sie etwas warmes Wasser mit einem Schuss Spiritus vermischen. Ein weiches Tuch eintauchen, auswringen und den Spiegel damit reinigen.

Ist Ihr Spiegelrahmen vergoldet, benötigt er Extrapflege, damit Sie lange Freude an dem edlen Stück haben: Ganz sanft und überaus wirkungsvoll reinigen Sie den kostbaren Rahmen mit Molke. Einfach einen weichen Lappen mit Molke tränken und den Rahmen damit ganz vorsichtig abwischen. Anschließend wird er mit einem trockenen weichen Tuch nachpoliert.

Strahlende Armaturen

Reinigen Sie die Armaturen mit meinem Badreiniger. Auch ein mit Spiritus getränktes Tuch lässt Ihre Armaturen strahlen. Die Chromteile damit putzen, gut mit klarem Wasser nachspülen und trockenreiben, bis sie glänzen.

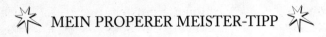

Tropft der Wasserhahn? Bringt Sie dieses Geräusch fast zur Verzweiflung (vor allem im Hotelzimmer kann das Tropf, Tropf, Tropf einem den letzten Nerv rauben)? Dann befestigen Sie am Hahn einen langen Bindfaden, an dem die Wassertropfen geräuschlos ins Becken fließen können.

Ein frischer Duft liegt in der Luft: hygienische Sauberkeit für die Toilette

Das Reinigen der Toilette gehört nicht zu den beliebtesten Putzarbeiten. Mit meinem Mr. Proper Badreiniger wird das jedoch fast zu einem Vergnügen. Er ist extra dickflüssig, damit er dicht am Schmutz hängen bleibt und ihn wirksam löst. Dadurch vertreibt er ohne Wischen und Schrubben Kalk und

Urinstein. Haben Sie keinen Badreiniger zur Hand, können Sie auch Antikal hernehmen.

Toilettenbrille und -deckel werden mit Seifenlauge und einem weichen Lappen gereinigt. Ist die Zeit knapp, verwenden Sie meine hygienischen Allzweckreiniger-Tücher.

Wichtig: Stellen Sie neben die Toilette einen Abfallbehälter. So verhindern Sie, dass Gegenstände wie Tampons, Binden oder Papiertaschentücher in die Toilette geworfen werden und unter Umständen die Rohre verstopfen. Auch Essensreste, Katzenstreu, Fette, Lösungsmittel etc. gehören nicht in die Toilette.

MEINE PROPEREN MEISTER-TIPPS

Am Spülkasten der Toilette entsteht manchmal so viel Kondenswasser, dass es auf den Boden tropft und Wasserlachen bildet. Mit einem einfachen Trick können Sie das verhindern: Reiben Sie den Wasserbehälter gründlich trocken und »cremen« Sie ihn dann mit farblosem Bohnerwachs ein.

Schwer zugänglichen Verschmutzungen im Toilettenknie rücken Sie mit Gebissreiniger zu Leibe. Einfach eine Tablette in die Toilette werfen, einwirken lassen und Spülung betätigen.

Hartnäckige Rückstände in der Toilettenschüssel vertreiben Sie mit einer Borax-Zitronenpaste: Etwas Borax mit Zitronensaft zu einem dicken Brei verrühren. Den Brei auf die Rückstände auftragen. Mindestens zwei Stunden einwirken lassen und dann mit der Toilettenbürste bearbeiten. Jetzt spülen und die Toilette ist wieder makellos sauber.

Waschbecken, Badewanne und Dusche

Danach stehen Waschbecken, Badewanne und Dusche auf dem Putzplan. Spülen Sie nach jeder Reinigung die Dusch- und Badewanne gründlich mit klarem Wasser aus. Denn durch schlecht entfernte Reinigungsmittel besteht erhöhte Rutschgefahr.

Geben Sie in das Waschbecken meinen Badreiniger. Lassen Sie ihn kurz einwirken, wischen Sie dann mit einem Tuch oder weichen Schwamm kurz darüber und spülen Sie den Reiniger mit klarem Wasser ab. Fertig! Das Becken glänzt, selbst hartnäckige Wasserränder und Seifenreste sind verschwunden.

Wer hat schon Zeit und Lust, dauernd zu putzen? Deshalb sprühen Sie Ihr Waschbecken nach der Reinigung mit Antikal ein und spülen es ab. Das Wasser perlt wunderbar ab. Schmutz kann sich nicht so einfach festsetzen, Ihr Waschbecken bleibt viel länger sauber.

Gelbe Flecken, die durch einen tropfenden Wasserhahn entstanden sind, entfernen Sie mit Zitronensaft. Einfach Saft auf die Stelle träufeln, einwirken lassen und nachspülen.

Ebenfalls wirksam ist eine Essig-Salz-Creme. Einen Esslöffel Salz mit einem Esslöffel Essig zu einer dicken Creme verrühren, den Brei auf die Flecken auftragen, einwirken lassen und mit klarem kalten Wasser abspülen.

Dunkle Flecken, vor allem Rostflecken, behandelt man mit einer Paste aus Borax und Essig: Aus Borax und Essig zu gleichen Teilen einen Brei anrühren und auf die Flecken auftragen. Kurz einwirken lassen und mit klarem Wasser nachspülen.

Alte Porzellanbecken sehen wunderschön aus, verlangen aber eine besonders schonende Reinigung. Am besten werden sie mit meinem Badreiniger gesäubert. Hartnäckige Flecken entfernen Sie mit einer Kernseifenlösung: Ein Stück Kernseife klein schneiden und in einen Eimer heißes Wasser geben. So lange umrühren, bis sich die Seife völlig aufgelöst hat. Dann eine Tasse Waschbenzin hinzugeben, diese Lösung auf eine Bürste geben und damit kräftig über die Flecken bürsten. Einwirken lassen und mit klarem Wasser nachspülen.

Die Badewanne wird ebenfalls mit meinem Badreiniger behandelt: Badreiniger auftragen, kurz einwirken lassen und mit der Brause gründlich abspülen.

Besondere Vorsicht ist bei Acryl- und Kunststoffbadewannen geboten. Denn ihre Oberflächen sind besonders empfindlich und dürfen nicht mit Scheuermitteln oder harten Schwämmen bearbeitet werden. Deshalb reinigen Sie Acrylbadewannen am besten mit einem Geschirrspülmittel wie Dawn. Ein wenig auf einen weichen, nassen Lappen geben und die Badewanne reinigen. Gründlich mit klarem Wasser nachspülen. Hartnäckige Flecken bearbeiten Sie mit der Schnittfläche einer halbierten Zitrone.

Kunststoffwannen werden mit Bullrich-Salz (aus der Apotheke) sauber. Etwas Bullrich-Salz auf ein weiches, feuchtes Tuch geben und damit die Wanne reinigen. Anschließend gründlich mit klarem Wasser nachspülen.

Braunen Ablagerungen in Wanne und Dusche rücken Sie mit saurer Milch auf den Pelz. Übergießen Sie die

Flecken mit saurer Milch und lassen Sie sie ein bis zwei Stunden einwirken. Anschließend mit einem Schwamm über die Flecken reiben und gründlich mit klarem Wasser nachspülen.

Duschvorhänge und -türen nicht vergessen!

Für ein blitzblankes Badezimmer müssen auch Duschtüren oder Duschvorhänge sauber sein. Duschwände und -türen reinigen Sie ganz leicht mit meinem Mr. Proper Glas- und Oberflächenspray. Es beseitigt selbst hartnäckige Verschmutzungen schnell, ohne dass Sie reiben und schrubben müssen. Da mein Reiniger über einen Anti-Regen-Effekt verfügt, lässt er Wassertropfen ablaufen und vermindert so die Entstehung von hässlichen Wasserflecken. Mein Spray wird einfach aufgesprüht und anschließend mit einem Papier-Küchentuch oder weichen Tuch weggewischt.

Haben Sie mein Spray nicht zur Hand, sorgen Sie mit einem essiggetränkten Schwamm für glänzende Duschglastüren.

Kunststoffwände und -türen werden mit einer leichten Spülmittellauge gereinigt.

Wichtig: Die Aluschienen der Duschkabinen dürfen nicht mit Essig- und Citrusreiniger oder Scheuermitteln gereinigt werden, da die glatte Oberfläche sonst aufraut und die Schienen nicht mehr gut ineinander gleiten. Verwenden Sie für die Schienen einfach eine schwache Seifenlauge.

Duschvorhänge

Duschvorhänge aus Stoff sollten regelmäßig gewaschen werden, und zwar genau nach Waschanleitung.

Duschvorhänge aus Plastik können mit meinem Glas- und Oberflächenspray gereinigt werden. Probieren Sie aber vor dem Gebrauch an einer kleinen, versteckten Stelle aus, wie Ihr Duschvorhang auf mein Spray reagiert, denn nicht jeder Vorhang verträgt diese Behandlung. Wenn sich Vorhang und Spray vertragen, den Vorhang einfach in die Wanne legen und besprühen. Kurz einwirken lassen. Anschließend den Vorhang gründlich ausspülen, abtropfen lassen und aufhängen.

Mag Ihr Plastikduschvorhang es sanfter, reinigen Sie ihn mit einer Spülmittellauge. Den Duschvorhang einfach in die Badewanne legen, nass machen, einige Spritzer Spülmittel auf ihn geben und mit einem Schwamm gut abreiben. Anschließend mit klarem Wasser gründlich nachspülen, den Vorhang abtropfen lassen und wieder aufhängen.

Schimmelflecken auf Duschvorhängen können Sie vorbeugen, wenn Sie das gute Stück vor dem Aufhängen in Salzwasser legen. Außerdem sollten Sie nach jedem Duschen den Vorhang ausbreiten und so trocknen lassen.

Schnodder pur: Abflussrohre

Auch wenn sie nicht sichtbar sind, sollten Abflussrohre regelmäßig »geputzt« werden: Schütten Sie einmal die Woche kochend heißes Kartoffelwasser in den Abfluss von Dusche, Becken und Wanne. Das hält Ihre Rohre frei.

Ist der Abfluss bereits verstopft und das Wasser läuft nur langsam ab, gießen Sie ein Glas Cola in den Ausguss. Das Wasser läuft dann oft wieder ab.

Ein hervorragendes Rohrreinigungsmittel ist Soda. Bei hartnäckiger Rohrverstopfung einfach eine Handvoll Soda ins Abflussrohr schütten und mit heißem Wasser gründlich nachspülen.

Gute Dienste kann auch die alte Saugglocke leisten. Heißes Wasser in das verstopfte Becken lassen, Saugglocke auf den Abfluss setzen und sie einige Male schnell auf und nieder drücken. Anschließend gründlich mit heißem Wasser nachspülen.

Um erneuten Verstopfungen, zum Beispiel durch Haare, vorzubeugen, legen Sie ein spezielles Abflusssieb in den Ausguss oder schneiden Sie ein Stück Fliegengitter passend zu.

Geben Sie Schimmel keine Chance!

Im Badezimmer herrscht immer eine hohe Luftfeuchtigkeit. Deshalb fällt es Schimmelpilzen leicht, hier Fuß zu fassen. Diesen ungebetenen »Gästen« können Sie aber wirkungsvoll und problemlos vorbeugen:

Damit Schimmelpilze in Ihrem Bad keine Chance haben, muss das Badezimmer so oft wie möglich gelüftet werden. Besonders wichtig ist das ausgiebige Lüften nach einem wohlig warmen Wannenbad oder einer ausgiebigen Dusche. Um auf Nummer sicher zu gehen, empfehle ich Ihnen, nach jedem Bad oder Dusche Ihre Wanne kalt abzubrausen und sie anschließend mit einem weichen Tuch trockenzureiben.

Vergessen Sie auch nicht den Rand und die Silikonabdichtung gut abzutrocknen. Wer die Tür zur Duschkabine offen stehen lässt, sorgt ebenfalls für rasches Abtrocknen der nassen Flächen und senkt die Luftfeuchte.

Möchten Sie Wäsche im Bad trocknen, sollten Sie das Fenster geöffnet lassen. Wenn Ihr Bad fensterlos ist, sollten Sie auf keinen Fall dort Wäsche aufhängen, da dadurch die Luftfeuchtigkeit zusätzlich steigt.

Checkliste

Tägliche Reinigung:
- ✔ Boden trocken wischen
- ✔ Waschbecken, Dusche und Badewanne mit feuchtem Allzweckreiniger-Tuch säubern

Gründliche Reinigung:
- ✔ Wandkacheln reinigen
- ✔ Spiegel mit Spülmittellauge abledern
- ✔ Armaturen mit Badreiniger zum Glänzen bringen
- ✔ Toilette reinigen
- ✔ Waschbecken und Badewanne putzen
- ✔ Duschwanne, -wände und -türen bzw. -vorhang säubern
- ✔ Heißes Kartoffelwasser in Abfluss gießen
- ✔ Fenster putzen
- ✔ Heizkörper entstauben

☞ Die wichtigsten Tipps auf einen Blick ☜

- Für blitzschnelle Sauberkeit im Bad sorgen meine feuchten Allzweckreiniger-Tücher.
- Schmutzige Kachelfugen werden mit einem Brei aus Wasser und Backpulver strahlend weiß. Einfach auf die Fugen auftragen, eine Stunde einwirken lassen und mit klarem Wasser nachspülen.
- Kartoffeln bringen Ihre Spiegel zum Glänzen. Einfach den Spiegel mit einer halbierten rohen Kartoffel abreiben, mit klarem Wasser nachwischen und mit Papier-Küchentüchern trockenreiben.
- Kostbare vergoldete Spiegelrahmen putzen Sie mit einem weichen Tuch, das Sie mit Molke befeuchtet haben.
- Gebissreiniger-Tabletten beseitigen Verschmutzungen im schwer zugänglichen Toilettenknie.

- Gelbe Flecken in Waschbecken, Dusche oder Badewanne verschwinden mit Zitronensaft.
- Mit saurer Milch können Sie bräunliche Ablagerungen in Wanne und Dusche beseitigen. Einfach die Milch auftragen, zwei Stunden einwirken lassen. Mit einem Schwamm über die Flecken reiben und dann mit klarem Wasser nachspülen.

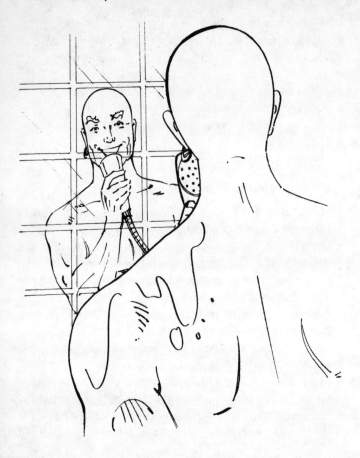

Exkurs:
Geben Sie dem Kalk Kontra

Kalkflecken in Bad oder Küche können den Eindruck eines sauber geputzten Zimmer erheblich beeinträchtigen. Am einfachsten ist die Anwendung meines Kalkreinigers Antikal.

Was sonst noch gegen Kalk hilft:

Kalkflecken können Sie ganz einfach vorbeugen: Wassertropfen sofort nach Händewaschen, Duschen oder Baden abwischen. Dann hat Kalk keine Chance! Zu diesem Zweck ist es ratsam, ein altes Geschirrhandtuch unter dem Waschbecken aufzubewahren. Glasduschen werden streifenfrei trocken, wenn Sie sie nach dem Duschen mit einem Fensterreiniger mit Gummikante abziehen.

Kalkflecken auf Fliesen und Fußböden verschwinden, wenn Sie sie mit einem in Essig getauchten Tuch abreiben. Stören hässliche Kalkflecken Ihre glänzenden Armaturen, vermischen Sie zwei Teelöffel Zitronensaft mit einem halben Liter Wasser und wischen mit dieser Mixtur Ihre Armaturen. Ebenso wirksam ist Essig.

Hässlichen Kalkrändern rund um den Wasserhahn rücken Sie mit Essig auf die Pelle. Ein Tuch mit Essig tränken und über Nacht auf den Kalkrand legen. Am nächsten Morgen wischen Sie den Kalk einfach fort.

Kalkränder im WC verschwinden ebenfalls mit Essig. Reichlich Essig in die Schüssel gießen, einwirken lassen und mit der Toilettenbürste nachschrubben. Schwer zugängliche Kalkränder bedecken Sie mit Klopapier, das Sie in Essig getaucht haben. Einige Stunden einwirken lassen – am besten über Nacht.

Hat sich Kalk in Ihren Zahnputzbechern gebildet? Dann füllen Sie lauwarmes starkes Essigwasser in die Becher und lassen Sie es einige Stunden einwirken. Anschließend die Gläser mit Spülmittel reinigen und gründlich mit Wasser nachspülen.

Entstellen hartnäckige Kalkränder Ihre Bade- oder Duschwanne, reiben Sie diese mit der weißen Innenhaut von Orangenschalen ab.

Ist der Duschkopf verkalkt, hilft ein Essigbad: Duschköpfe aus Metall werden in Essigwasser (einen halben Liter Wasser mit einem halben Liter Essig vermischen) gekocht. Das Essigwasser etwa 15 Minuten einwirken lassen. Anschließend unter fließendem Wasser abbürsten.

Duschköpfe aus Kunststoff dürfen nicht in Essigwasser gekocht werden, sondern werden über Nacht in eine Essig-Wasser-Lösung eingelegt. Anschließend mit einer Bürste reinigen und mit klarem Wasser abspülen.

Aber wie gesagt: Mit Antikal geht es schneller und einfacher.

Kalk verunziert nicht nur Ihr Badezimmer, er »besetzt« auch Haushaltsgeräte, Töpfe, Vasen.

Ihre Kaffeemaschine können Sie mit Zitronensäure (aus der Apotheke) entkalken. Stellen Sie aus zwei Esslöffeln Zitronensäure und einem Liter Wasser eine Mixtur her. Diese gießen Sie in den Wasserbehälter der Maschine. Lassen Sie die Lösung zur Hälfte durchlaufen. Schalten Sie die Maschine dann aus, warten Sie eine Stunde und lassen Sie den Rest der Mischung durchlaufen. Spülen Sie anschließend die Maschine gründlich durch, indem Sie den Wassertank fünfmal mit klarem Wasser füllen und durchlaufen lassen. Dann sind der Kalk und die Rückstände der Zitronensäure verschwunden. Statt Zitronensäure können Sie auch Essig verwenden.

Tauchsieder stellen Sie über Nacht in kaltes Essigwasser, das zu gleichen Teilen aus Essig und Wasser besteht. Anschließend gründlich mit klarem Wasser nachspülen.

Kalkablagerungen im Wasserkocher entfernen Sie, indem Sie dem Wasser einen kräftigen Schuss Essig beifügen und alles aufkochen lassen. Wiederholen Sie den Vorgang so oft, bis alle Kalkablagerungen gelöst sind. Anschließend wischen Sie den Wasserkocher gründlich mit einem feuchten Tuch aus und reiben ihn trocken. Bevor Sie ihn wieder in Gebrauch nehmen, kochen Sie ihn drei- bis viermal mit frischem Wasser aus.

Wasserkessel entkalken Sie, indem Sie den Kessel halb mit Wasser und halb mit Essig füllen. Lassen Sie diese starke Essiglösung aufkochen und über Nacht stehen. Am nächsten Morgen wird der Kessel mehrmals mit klarem Wasser durchgespült, damit die letzten Essigreste verschwinden.

Blitzsaubere Wohnung in 30 Minuten

Montagmorgen. Der gründliche Wochenputz liegt schon einige Tage zurück, die Wohnung benötigt dringend frischen Glanz. Wenn Sie ein halbes Stündchen Zeit haben, dann sollten Sie loslegen. Damit Sie auch wirklich nach 30 Minuten das Putztuch aus der Hand legen können, ist Organisation alles. Stellen Sie sich alle Putzsachen heraus. Das erspart Ihnen unnötige Lauferei und Zeitverlust. Richten Sie Folgendes her:

♦ Schrubber
♦ kleinen Eimer
♦ Putzeimer
♦ Putzlappen
♦ Staubsauger
♦ Schwammtuch
♦ Staubtuch oder Swiffer-Tuch
♦ Mr. Proper Allzweckreiniger
♦ Spülmittel
♦ Mr. Proper Badreiniger

Füllen Sie den kleinen Eimer mit warmem, den großen Eimer mit heißem Wasser und einem Schuss meines Allzweckreinigers. Los geht's!

Beginnen Sie in der **Küche**. Sie benötigen außer den beiden Putzeimern noch Putzlappen, Schrubber, Schwammtuch.

Tauchen Sie das Schwammtuch in den kleinen Eimer und reinigen Sie damit die Arbeitsplatten, den Tisch und das Spülbecken. Mit dem Putzwasser des großen Eimers wischen Sie die Küche feucht durch. Dank des fettlösenden Mittels wird der Fußboden ohne Schwierigkeiten von Fettspritzern gesäubert. Arbeitszeit: etwa fünf Minuten.

Von dort geht es ins **Kinderzimmer**. Als Putzutensilien benötigen Sie: Staubsauger oder Schrubber mit Putzlappen und Putzeimer (je nach Bodenbelag), kleinen Eimer, Schwammtuch.

Einfaches Staubwischen reicht im Kinderzimmer normalerweise nicht aus, da die klebrigen Fingerabdrücke der Kids einem einfachen Staubtuch trotzen. Wischen Sie deshalb mit dem Schwammtuch über Türklinke, Fensterbank, Schreibtisch, Nachttisch. Auch der Fußboden benötigt eine gründliche Reinigung mit Staubsauger oder Schrubber, um Kekskrümel & Co. zu entfernen. Arbeitszeit: ca. fünf Minuten.

Jetzt ziehen Sie ins **Badezimmer**. Hier brauchen Sie Schwammtuch, Fensterleder, Mr. Proper Badreiniger, Putzeimer, Putzlappen, Schrubber. Tragen Sie meinen Badreiniger in Waschbecken und Dusche auf. Auch die Toilette wird damit behandelt. Während der Badreiniger einwirkt, reinigen Sie mit dem Fensterleder den Spiegel. Dann wischen Sie kurz mit dem Schwammtuch durchs Waschbecken und die Dusche und spülen mit klarem Wasser nach. Mein Badreiniger entfernt ohne Schrubben Wasserränder und Seifenreste. Und deshalb haben Sie in wenigen Minuten streifenfreien Glanz im Badezimmer. Ebenso zeitsparend lässt sich die Toilette reinigen: Einmal mit der WC-Bürste durchgebürstet, spülen und schon sind Kalk und Urinstein verschwunden.

Zum Abschluss füllen Sie warmes Wasser in den Putzeimer, geben Mr. Proper Badreiniger hinzu und wischen den Badezimmerboden. Arbeitszeit: ungefähr fünf Minuten.

Von dort geht es ins im **Schlafzimmer**. Im Handgepäck haben Sie Swiffer, Staubsauger und Febreze. Stauben Sie Fensterbank und Nachttisch ab. Zum

Abschluss gönnen Sie dem Boden – ob Teppich, Fliesen oder Kunststoff – eine Kurzreinigung mit dem Staubsauger. Feucht aufwischen oder gründlich saugen reicht im Schlafzimmer einmal pro Woche. Schlechte Gerüche in Gardinen, Teppich oder Decken verschwinden mit Febreze. Arbeitszeit: drei bis fünf Minuten.

Jetzt ist das **Wohnzimmer** an der Reihe. Zur Reinigung benötigen Sie Swiffer und den Staubsauger. Zuerst räumen Sie auf dem Wohnzimmertisch auf. Anschließend wischen Sie Staub. Riechen Polstermöbel oder Vorhänge nach Qualm? Dann greifen Sie zu Febreze. Zum Schluss wird das Wohnzimmer gesaugt. Arbeitszeit: etwa fünf Minuten.

Setzen Sie zum Putzendspurt an, jetzt haben Sie es fast geschafft! Nur der **Flur** benötigt noch eine kurze Reinigung. Hier brauchen Sie nur Staubsauger oder Putzeimer, Putzlappen und Schrubber, je nach Bodenbelag. Klopfen Sie die Fußmatte aus, saugen oder wischen Sie (mit Allesreiniger) den Boden. Fertig! Arbeitszeit: etwa fünf Minuten.

Checkliste

✔ Küche: Arbeitsfläche, Spülbecken, Tisch und Fußboden wischen
✔ Kinderzimmer: Türklinke, Fensterbank, Nachttisch und Schreibtisch feucht wischen. Fußboden saugen oder feucht aufwischen
✔ Badezimmer: Waschbecken, Dusche und Toilette mit Badreiniger säubern, Fußboden feucht wischen
✔ Schlafzimmer: Fensterbank und Nachttisch mit Staubtuch behandeln, Fußboden saugen
✔ Wohnzimmer: Tisch aufräumen, Staubwischen, Fußboden saugen
✔ Flur: Fußmatte ausschlagen, Fußboden saugen oder feucht aufwischen

Strahlendes Wohnzimmer

Obwohl das Wohnzimmer der Hauptraum und Treffpunkt der gesamten Familie ist, haben Sie hier nur wenig zu putzen. Natürlich muss man täglich aufräumen, aber es genügt durchaus, alle zwei, drei Tage Staub zu wischen und zu saugen, selbst wenn Sie Haustiere haben. Sie benötigen

für die Reinigung zwischendurch:
♦ **Staubtuch oder Swiffer-Tuch**
♦ **Staubsauger**
♦ **Febreze**

für die gründliche Reinigung:
♦ **Staubtuch oder Swiffer-Tuch**
♦ **Staubsauger oder Schrubber, Putzeimer**
   und Aufnehmer
♦ **Teppichklopfer und Teppichbürste**

Einmal wöchentlich sollte der Familienraum eine Großreinmacheaktion erleben. Sie beginnen am besten mit den Polstermöbeln, danach wischen Sie Staub, reinigen die Fenster und arbeiten sich über Stühle, Tische und Bänke bis zum Teppich vor.

Mit diesen Putztricks blenden Sie sogar Ihre Mutter!

Für meine Mitbewohner und mich gibt es nur ein einziges wichtiges Kriterium in Sachen Sauberkeit: ein streifenfreies Fernsehbild. Dazu ordentlich was zu trinken sowie drei, vier Packungen Chips. Ein Prosit auf die Gemütlichkeit! Wie's unterm Sofa aussieht, geht keinen was an.

Natürlich ist es Ihr gutes Recht zu hausen, wie es Ihnen gefällt. Steht ja so ähnlich sogar im Grundgesetz. Doch mit Paragraphenreiterei können Sie vielleicht Ihren juristisch unwissenden Vermieter beeindrucken, wenn er Ihnen einen Kammerjäger auf den Hals schickt – aber Muttern sicher nicht! Und ob Ihre Mutter Ihre radikale Wohnphilosophie (»Wo Dreck ist, herrscht Leben«) teilt, bezweifele ich stark.

Deshalb tun Sie gut daran, Ihre Bude einigermaßen in Schuss zu bringen, bevor Ihre liebe Frau Mama zum ersten Besuch anrückt. Es braucht ja weder in jedem Winkel porentief rein zu sein, noch muss das Bad glänzen wie ein Spiegelstudio. Aber vermeiden Sie zumindest den Eindruck, dass Ihre Wohnung sich zum Naturschutzgebiet entwickelt (Moos im Kochtopf, Flöhe auf der Couch).

Wenn Muttern nicht mit der Tür ins Haus fällt (einziges Gegenmittel: Rollläden runterlassen, Klingeln ignorieren), bleibt Ihnen garantiert Zeit für eine kleine Putzaktion und diverse Aufräumarbeiten:

• Sauberkeit fängt vor der Haustür an. Falls Sie Nichtschwabe sind und deshalb von der Kehrwoche keinen blassen Schimmer haben, buchen Sie einen Volkshochschulkurs in und um Stuttgart herum. An fünf Abenden erfahren Sie nach einer theoretischen Einführung in die historisch-soziologische Bedeutung dieses uralten Brauches alles Wissenswerte zum Arbeitsmaterial (Besen, Schrubber, Kehrblech)

und erlernen die wesentlichen Griff-, Halte- und Schwung-
techniken. Achtung: Wenn Sie am Kursende nicht in der
Lage sind, selbständig ein Stück Straße zu kehren, erhalten
Sie Ländleverbot. Mitzubringen sind: Kopftuch, Kittelschür-
ze und – für Griffübungen – ein Rundholz von etwa drei
Zentimetern Durchmesser und mindestens einem Meter
Länge.

- Damit Muttern nicht der Schlag trifft, sollten Sie die Pullen
  (wenigstens die leeren) aus dem zur Hausbar umfunktio-
  nierten Kleiderschrank schaffen und das Möbelstück wieder
  seiner eigentlichen Funktion zuführen. Also: Sämtliche in
  der ganzen Wohnung verstreuten Socken einsammeln.
- Muttern wird von dem tollen Ausblick beeindruckt sein, den
  man von Ihrer Wohnung hat – sofern Sie zuvor die verdreck-
  ten Scheiben aus den Fensterrahmen entfernt haben.
- Falls Sie die Essensreste in den Töpfen selbst mit Hammer
  und Meißel nicht mehr wegkriegen, stellen Sie das dreckige
  Geschirr einfach in die Tiefkühltruhe. Dort wird es zwar nicht
  unbedingt sauber, setzt aber auch keinen Schimmel an.

... damit Ihre Sofas gemütlich bleiben

Damit Sie recht lange Freude an Ihren Sesseln und Sofas
haben, müssen sie regelmäßig gesäubert werden. Einmal
wöchentlich sollten sie – vor allem wenn Hund oder Katze
im Haushalt leben – abgesaugt werden. Das geht besonders
schonend mit der Polsterdüse des Staubsaugers, die vor allem
die Polsterritzen gründlich reinigt. Wer keinen vierbeinigen
haarigen Mitbewohner hat, kann sich darauf beschränken,
einmal pro Monat die Polstermöbel saugend in Form zu bringen. Übrigens: Wenn die Zeit mal knapp ist, ist es absolut
nicht tragisch, wenn Sie ein wenig schummeln und das Ab-

saugen der Polstermöbel unterschlagen. Aber beim nächsten Mal sollten Sie es auf jeden Fall nachholen.

Widerstehen die Hunde- und Katzenhaare Ihrem Sauger, dann beseitigen Sie sie ganz einfach mit einem feuchten Schaumgummischwamm.

Gerade in Polstermöbeln und Teppichen verfangen sich gerne unangenehme Gerüche, die auch mit Raumerfrischern nicht beseitigt werden können. In diesem Fall leistet Febreze gute Dienste. Der Textilerfrischer packt Gerüche nämlich an der Quelle – den Textilien – und beseitigt sie.

Wichtig: Seide und Gobelinbezüge mögen Essig überhaupt nicht. Sie vertragen allerdings eine »Verjüngungskur« mit Kartoffelmehl. Reiben Sie die empfindlichen Bezüge einfach mit Kartoffelmehl ab und bürsten das Mehl anschließend ganz vorsichtig aus.

Verschmutzungen lassen sich auch schnell mit Rasiercreme entfernen.

Bei Bezügen aus Baumwolle oder Leinen können Schmutzstellen auch mit einem weichen Radiergummi entfernt werden.

Samtbezüge befreien Sie von Staub, indem Sie eine Bürste zunächst in Salz tauchen und dann die Bezüge abbürsten. Staub – selbst hartnäckiger – lässt sich so mühelos entfernen.

Bemerken Sie auf Ihrem Polstermöbelstoff eingedrückte Stellen, können Sie die Härchen des Stoffs mit folgendem Trick wieder aufrichten: Befeuchten Sie die betroffene Stelle mit Wasser, legen Sie einige Bögen weißes Schreibmaschinenpapier darauf und bügeln Sie die Stelle trocken.

MEINE PROPEREN MEISTER-TIPPS

Damit Ihre Polstermöbel recht lange schön bleiben, hier einige Ratschläge:

Polstermöbel sollten in Abständen ordentlich durchgeklopft werden. Damit Sie aber nicht zu viel Staub in Ihrer Wohnung aufwirbeln, legen Sie feuchte Tücher über die Polster und klopfen Sie sie dann aus. Der Staub fängt sich in den Tüchern und wird dort festgehalten.

Mindestens einmal pro Woche sollten Teppiche gründlich gereinigt werden. Teppiche werden ausgeklopft, Teppichböden mit dem Sauger von Dreck befreit. Wichtig: nicht husch, husch mit dem Sauger über den Boden fahren, sondern den Teppich ganz langsam und gründlich saugen.

Beim Ausklopfen wird der Teppich nur von der Unterseite mit dem Ausklopfer bearbeitet. Die Oberseite wird ausgebürstet.

Sie können den Teppich zum Ausklopfen über eine Stange hängen oder im Winter mit der Oberseite auf neu gefallenen Schnee legen und ausklopfen. Der Schnee frischt die Farben auf. Im Sommer kann der taufeuchte Rasen den Schnee ersetzen.

Haben Sie keinen Garten, um Ihren Teppich auszuklopfen, können Sie das auch völlig staubfrei in der Wohnung machen: Legen Sie die Oberseite des Teppichs auf ein feuchtes Bettlaken und klopfen Sie den Teppich aus. Das feuchte Tuch hält den Staub fest und frischt auch die Farben auf.

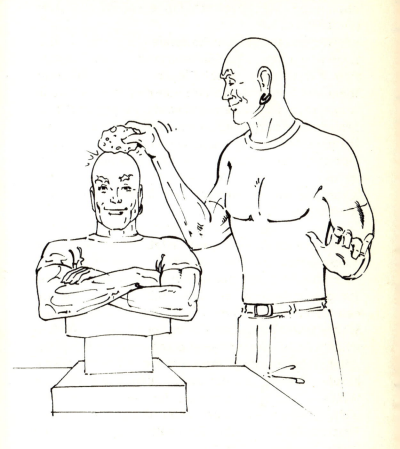

Damit Sie nicht in die Röhre gucken: die richtige Pflege für Fernseher und Stereoanlage

Fernseher und Stereoanlage sind in der Pflege recht heikel, Feuchtigkeit kann sie arg verstimmen.

Fernseher

Pflege von Gehäuse und Bildschirm (immer nur bei abgeschaltetem Gerät!): Mit einem weichen, trockenen, nicht fusselnden Tuch, besser noch einem Swiffer-Tuch, stauben Sie einfach das Gehäuse ab. Auch der Bildschirm wird damit behandelt. So haben Sie am Abend wieder den totalen Durchblick.

Reinigung der Lautsprecherbespannung: Das Gehäuse wird mit einem weichen Tuch oder Swiffer gesäubert. Den Staub aus der Bespannung entfernen Sie mittels Staubsauger mit Bürstenaufsatz. Niemals den Lautsprecher direkt mit dem Saugerrohr ohne Aufsatz berühren! Das mögen die Boxen überhaupt nicht. Verwenden Sie auch keine Reinigungsmittel für die Bespannung.

Videorekorder

Dieses Gerät wird nur mit Swiffer oder einem weichen sauberen Tuch entstaubt. Verwenden Sie keine Reinigungsmittel, Chemikalien oder Druckluft, um es zu entstauben.

Stereoanlage

Was dem Fernseher recht ist, ist der Musikanlage billig. Einfach mit einem weichen Tuch über das Gerät fahren. Benutzen Sie keine Lösungsmittel wie Alkohol oder Benzin zur Reinigung.

Glanz auf Stühlen, Tischen und Bänken

Behandelte Holzmöbel verlangen kaum Putzaufmerksamkeit von Ihnen. Sie müssen nur regelmäßig mit Swiffer oder einem weichen Tuch abgestaubt werden. Soll die Reinigung etwas gründlicher sein, hier einige Spezialrezepte von mir:

Eichenmöbel-Politur

Eichenmöbel, die ihren Glanz verloren haben, werden mit einer selbst angerührten Möbelpolitur wieder wunderschön: Ein Hühnerei und großes Stück Bienenwachs mit einem Esslöffel ganz feinem Zucker in einem Viertelliter Wasser aufkochen. Die Politur gut auskühlen lassen und mit einem Pinsel auftragen. Nach dem Antrocknen mit einem weichen Tuch polieren.

Bier für Eichenmöbel

Eichenmöbel werden wieder wunderschön, wenn sie mit hellem Bier eingerieben werden. Der Effekt ist besonders gut, wenn das Bier angewärmt wird. Nach der Bierabreibung die Möbel mit einem weichen Tuch polieren.

Dunkle Eichenmöbel werden mit Stearinöl behandelt. Leinenlappen in das Öl tauchen und die Möbel damit abreiben. Antrocknen lassen und dann mit einem nicht fusselnden Tuch nachpolieren.

So entfernen Sie Flecken von Holzmöbeln

An sich vertragen Holzmöbel ja einiges. Sollte sich dennoch ein Fleck festsetzen, bekommen Sie ihn je nach Herkunft mit folgenden Methoden wieder weg:

Alkoholflecke

Stellen Sie sich selbst eine Paste aus Bimssteinpulver und

etwas Salatöl her. Diese Paste vorsichtig mit einem weichen Tuch einreiben.

Fettflecke
Fettflecke auf einer unbehandelten Holztischplatte verschwinden mit Ton: Töpferton auf die Flecken streichen, einige Zeit einwirken lassen und dann den trocknen Ton wegbürsten. Die Tischplatte feucht wischen.

Obstflecke
Obstflecke verschwinden vom Holz, wenn Sie eine Mischung aus Kochsalz und Öl herstellen, die Mixtur auf einen Wattebausch geben und den Fleck damit bearbeiten.

Wasserflecke
Diese hässlichen Flecke lassen sich in der Regel mit Speiseöl wegpolieren: Etwas Öl auf den Fleck träufeln und mit einem weichen Tuch sanft nachpolieren.

Robustere Wasserflecken können mit Zahnpasta beseitigt werden (Vorsicht: gestrichene Möbel vertragen diese Behandlung nicht!): Auf ein feuchtes Tuch etwas Zahnpasta geben und die Flecke damit bearbeiten. Ist der Ring hartnäckiger, fügen Sie der Zahnpasta noch Natron hinzu.

Flecke unbekannter Herkunft
Diese Flecke können Sie ganz vorsichtig mit ein wenig Spiritus behandeln.

Leuchtende Lampen

Lampenschirme aus Pergament putzen Sie am leichtesten mit einem feuchten Tuch ohne irgendwelche Zusätze.

Plissierte Lampenschirme lassen sich sehr schwer reinigen. Sie können die Schirme mit einem alten Rasierpinsel oder einem sauberen Malerpinsel entstauben. Schneller geht es allerdings, wenn Sie den Staub einfach mit einem Haartrockner fortblasen. Weitere Putztipps zu diesem Thema finden Sie auf Seite 98 unter »Lampen – gute Sicht zu allen Tageszeiten«.

Dekorative Staubfänger: Vasen und Co.

Vasen, Trockenblumengestecke, Krüge, Gläser – all diese wunderschönen Kleinigkeiten machen unser Heim erst wohnlich. Aber damit unsere kostbaren Kleinigkeiten auch strahlen, müssen sie regelmäßig gepflegt werden. Und auch da kann ich Ihnen so manchen Trick verraten, der Ihnen Arbeit und Zeit spart.

 MEINE PROPEREN MEISTER-TIPPS

Glasvasen, Flaschen und Krüge lassen sich leicht mit Eierschalen reinigen: Einfach zerkleinerte Eierschalen ins Gefäß geben, etwas Wasser hinzuschütten und dann kräftig durchschütteln. Mit klarem Wasser nachspülen.

Glasvasen mit langen, schmalen Hälsen bekommen Sie mit Spülmaschinenreiniger (Vorsicht, reizend!) blitzsauber. Vase mit Wasser ausspülen, Spülmaschinenreiniger in die feuchte Vase geben, kurz einwirken lassen und dann lauwarmes Wasser einfüllen. Noch mal einwirken lassen und Vase gründlich ausspülen.

Glaskaraffen erhalten mit rohen Kartoffeln wieder Glanz: Schneiden Sie eine rohe Kartoffel ganz klein und geben Sie sie in die Karaffe. Warmes Wasser einfüllen und dann alles kräftig schütteln. Kurz einwirken lassen, nochmals kräftig mixen und anschließend die Karaffe ausspülen.

Sind Ihre Kerzenleuchter durch Wachs unansehnlich geworden? Legen Sie das gute Stück eine halbe bis eine Stunde auf Eis. Im Gefrierschrank wird Wachs so spröde, dass Sie es ohne Gewalt ablösen können. Ihr Leuchter wird nicht verkratzt.

Dekostücke aus Zinn werden wieder glänzend, wenn sie mit Zinnkraut abgerieben werden. Finden Sie kein Zinnkraut, dann tun Kohlblätter den gleichen Dienst.

Sind Ihre Gläser trübe geworden, legen Sie sie in Essigwasser und geben Sie eine rohe, klein geschnittene Kartoffel hinzu. Kurz einwirken lassen und dann die Gläser gut spülen.

Ein Trockenblumenstrauß kann sehr viel Stimmung in die Wohnung bringen, allerdings sammelt sich auch recht viel Staub auf ihm an. Ganz einfach entstauben Sie ihn mit einem Fön. Fön auf kleinste Stufe stellen und die Staubflusen davonpusten.

Checkliste

Alle zwei bis drei Tage:
- ✔ Staub wischen
- ✔ eventuell saugen
- ✔ Zeitungen zusammenlegen

Gründliche Reinigung:
- ✔ Staub wischen
- ✔ Zeitungen ordnen und/oder aussortieren
- ✔ Polstermöbel absaugen
- ✔ eventuelle Flecken auf Polster und Teppich entfernen
- ✔ Möbel polieren
- ✔ Teppiche auf der Unterseite klopfen, auf der Oberseite bürsten
- ✔ Fußboden saugen, »swiffern« oder wischen

☞ Die wichtigsten Tipps auf einen Blick ☜

- Hunde- und Katzenhaare entfernen Sie von Polstern mit einem feuchten Schaumgummischwamm.
- Klopfen Sie Teppiche nur von der Unterseite und bürsten Sie die Oberseite.
- Teppiche mögen Schnee; das frischt die Farben auf.
- Legen Sie vor dem Ausklopfen ein feuchtes Laken über Ihre Polstermöbel. Dadurch wirbeln Sie keinen Staub auf.
- Fernseher und Stereoanlagen nur trocken säubern.
- Mit einem Fön entstauben Sie plissierte Lampenschirme ohne Mühe.
- Zum Staubwischen nur imprägniertes Staubtuch oder Swiffer verwenden. Sonst wirbeln Sie den Staub auf.

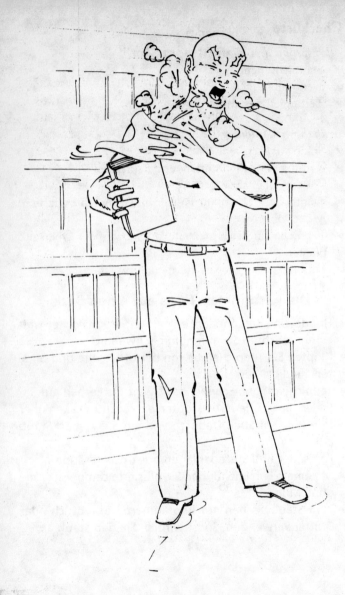

Exkurs:
Kampf dem Staub

Er fliegt durch die Wohnung, sammelt sich auf Regalen, Tischen, Büchern ... Die Rede ist vom Staub. Das große Problem: Wenn Sie dem Staub nicht richtig auf die Pelle rücken, wirbeln Sie ihn nur auf, und sobald Sie ihm den Rücken zukehren, liegt er in alter Frische wieder auf den Möbeln. Damit Sie den Staubflusen erfolgreich Herr werden, sage ich Ihnen, wie Sie sie wirkungsvoll aus dem Haus jagen.

Zum Staubwischen benötigen Sie ein Swiffer-Tuch oder ein Staubtuch, am besten ein imprägniertes. Wichtig ist, dass das Tuch den Staub aufnimmt und nicht nur umherwirbelt. Ein Swiffer-Tuch zieht den Staub fast magnetisch an.

Ein Malerpinsel ist ideal, um Staub von Lampenschirmen und Kleinteilen zu entfernen oder Bücher abzustauben.

Möbel, die nicht wasserempfindlich sind, können Sie mit einem feuchten Tuch säubern.

Gründliches Staubwischen

Am schnellsten und einfachsten geht es, wenn Sie die zu reinigende Fläche völlig leer räumen. Ein- und Ausräumen geht nämlich schneller, als um empfindliche Glasteile herumzuwischen. Bücher stauben Sie mit dem Malerpinsel ab (so wird der Staub nicht in die Seiten gedrückt).

Dekorative Gegenstände werden entweder mit einem trockenen oder feuchten Lappen gesäubert. Kleinteile wie Kerzenhalter stauben Sie ebenfalls problemlos mit dem Malerpinsel ab.

Staub auf Glastischen und Vitrinen entfernen Sie mit einem Tuch, das Sie mit Essigwasser angefeuchtet haben.

Staubwischen für Eilige
Hat sich Besuch angekündigt und Ihnen bleibt nicht viel Zeit Staub zu wischen? Greifen Sie zum Staubsauger. Viele Staubsaugermodelle haben heute als Zubehör einen Staubpinsel. Damit können Sie problemlos glatte Flächen, Bücher, Stuckverzierungen, Profilleisten und verzierte oder geschnitzte Gegenstände reinigen.

Kleiner Psychotest: Welcher Putztyp sind Sie?

Krümel, Fußtapser, Hunde- und Katzenhaare, herumstehende Kaffeetassen, nasse Handtücher auf dem Badezimmerboden, herumliegende Zeitungen – bringen Unordnung und Schmutz Sie zur Verzweiflung? Räumen und putzen Sie in jeder freien Sekunde hinter Ihren Lieben her? Oder kann Sie ein bisschen Dreck überhaupt nicht stören? Lassen Sie Schmutz und Unordnung einfach sein, wenn Sie eine spannende Fernsehsendung sehen oder ein faszinierendes Buch lesen? Dieser Test verrät, welcher Putztyp Sie sind.

1. Ihre Teppichfransen ...

sind gekämmt und in eine Richtung ausgerichtet	3	*Punkte*
sind geschüttelt	2	*Punkte*
dürfen sich frei entfalten	1	*Punkt*

2. Sie wischen Ihren Fußboden ...

täglich	3	*Punkte*
wenn er schmutzig ist	2	*Punkte*
wischen?	0	*Punkte*

3. Ihr Wohnzimmer ist ...

stets aufgeräumt und deshalb für Familienmitglieder nur unter Ihrer Aufsicht geöffnet	3	*Punkte*
wohnlich. Es liegen auch schon mal Zeitungen herum. Schließlich leben Sie darin	2	*Punkte*
Es heißt doch Wohn- und nicht Schonzimmer	1	*Punkt*

4. Geschirr ...

waschen Sie sofort ab	3	*Punkte*
waschen Sie regelmäßig ab	2	*Punkte*
sammeln Sie in der Spüle und waschen ab, wenn nichts mehr im Schrank steht	1	*Punkt*

5. Geraucht wird bei Ihnen ...
nur auf dem Balkon. Qualm schadet den Gardinen | 3 | Punkte
außer im Schlafzimmer überall | 2 | Punkte
Ich rauche, also bin ich! | 1 | Punkt

6. Haustiere ...
haaren und bringen Schmutz in die Wohnung.
Außer Silberfischen kommt Ihnen nichts ins Haus | 3 | Punkte
machen viel Freude, bereiten aber auch Arbeit | 2 | Punkte
machen jedes Heim erst so richtig gemütlich | 1 | Punkt

7. Die Wäsche wird ...
komplett gebügelt. Egal ob Slip, Socke oder Wasch-
lappen – dem heißen Eisen entkommt nichts | 3 | Punkte
nur gebügelt, wenn das notwendig ist. Handtücher,
Unterwäsche & Co. werden nur gefaltet. | 2 | Punkte
schon mal auf den Bügel gehängt oder mit zarter
Hand glatt gestrichen | 1 | Punkt

8. Staubflusen unter dem Bett ...
gibt es bei mir nicht | 3 | Punkte
werden bei Entdecken entfernt | 2 | Punkte
wer schaut schon unters Bett? | 1 | Punkt

9. Habe ich etwas Freizeit, dann ...
putze ich das Tafelsilber oder bügle Staubflusen | 3 | Punkte
genieße ich die Auszeit, wenn keine dringenden
Hausarbeiten anstehen | 2 | Punkte
tue ich auf keinen Fall etwas im Haushalt.
Schließlich ist die Freizeit zum Erholen da | 1 | Punkt

10. Eine Staubschicht auf dem Regal ...
gibt es bei mir nicht | 3 | Punkte
wische ich beim Entdecken sofort weg | 2 | Punkte

darf nicht entfernt werden, weil ich darin
Telefonnummern aufschreibe   1   *Punkt*

11. Die Wohnung darf ...
nur mit Filzpantoffeln betreten werden.
Gästepantoffeln stehen neben der Haustüre   3   *Punkte*
mit abgeputzten Schuhen betreten werden   2   *Punkte*
frei betreten werden   1   *Punkt*

Ergebnis
33 – 30 Punkte:
Alle Achtung. Sie sind wirklich eine Super-Hausfrau/ein
Super-Hausmann. Bei Ihnen können Gäste zu jeder Tages-
und Nachtzeit klingeln. Ihre Wohnung wird sich immer im
perfekten Zustand präsentieren. Kein Stäubchen wagt es, sich
auf Ihren Regalen niederzulassen. Bei Ihnen ist alles so clean
und hygienisch einwandfrei und steril, dass man ohne Pro-
bleme vom Fußboden essen könnte. Aber: Gönnen Sie sich
doch einmal eine Auszeit mit einem spannenden Buch auf
der Couch. Sie werden überrascht sein, wie entspannend das
Leben auch ohne ständig einsatzbereiten Putzlappen sein
kann.

29 – 15 Punkte:
Herzlichen Glückwunsch! Sie haben genau das richtige Maß
zwischen Sauberkeit und Lässigkeit gefunden. Ihre Wohnung
sieht immer recht anständig aus. Unangemeldete Besucher
treffen schon mal ein wenig Unordnung an, aber die ist so do-
siert, dass sie charmant und gemütlich wirkt. Ihr Heim wird
niemals steril wirken. Deshalb fühlen sich Gäste auch sofort
bei Ihnen wohl. Krümel auf dem Boden nach dem Kaffee-
trinken, ein Wasserfleck auf dem Fußboden sind für Sie keine
Katastrophe, sondern eine Kleinigkeit, die Sie problemlos in

den Griff bekommen. Putzen ist für Sie notwendig für ein gemütliches Heim, aber nicht Ihr Lebensinhalt.

10 – 14 Punkte:
Kompliment. Sie kann wirklich nichts aus der Ruhe bringen. Sie leben in Ihrer Wohnung. Und wenn Ihnen während der Putzstunde ein spannendes Buch in die Hände fällt, dann lassen Sie Lappen Lappen sein und Staub Staub. Sie rollen sich auf dem Sofa zusammen und tauchen ab. Gäste, die das stört oder gar entsetzt sind, wünschen Sie in Ihrem Freundeskreis sowieso nicht. Aber: Hin und wieder täte etwas Durchhaltevermögen beim Putzen gut. Denn wenn Sie täglich ein wenig erledigen, stehen Sie am Ende des Monats vor keinem so großen Berg an Hausarbeit.

Ausgeschlafene Pflege für das Schlafzimmer

Manche Leute betrachten die Fläche unter dem Bett als den natürlichen Lebensraum von Wollmäusen und weigern sich, diese ziemlich un-niedlichen Tierchen dort zu stören. Alle anderen, die keine grundsätzlichen Bedenken gegen Sauberkeit im Schlafzimmer haben, benötigen lediglich

für die Reinigung zwischendurch:
♦ Staub- oder Swiffer-Tuch

für die wöchentliche Reinigung:
♦ kleinen Eimer
♦ Putzeimer, Wischlappen und Schrubber oder Staubsauger
♦ Allzweckreiniger
♦ Swiffer oder Staubtuch
♦ Schwammtuch

für die gründliche Pflege (zum Beispiel alle 14 Tage oder einmal im Monat):
♦ kleinen Eimer, Spülmittel, Schwammtuch
♦ Schrubber, Aufnehmer, Putzeimer oder Staubsauger
♦ Swiffer oder Staubtuch
♦ Mr. Proper Allzweckreiniger und Mr. Proper Glas- und Oberflächenspray

So bringen Sie Wollmäuse auf Trab

Das Schlafzimmer ist eigentlich der Raum, der Ihnen am wenigsten Arbeit bereitet. Er wird nämlich bei weitem nicht so strapaziert wie Flur, Wohnzimmer oder Küche. Es reicht durchaus, alle zwei Tage kurz Staub zu wischen, einmal im Monat die Schränke von außen zu reinigen, regelmäßig den Boden zu saugen oder zu wischen und Fensterbänke sowie Fenster zu reinigen.

Tägliche Pflege
Machen Sie jeden Morgen – am besten direkt nach dem Aufstehen – das Bett. Kleider werden in den Schrank geräumt. Alle zwei Tage wischen Sie Staub. Fertig.

Wöchentliche Pflege
Nachdem Sie die Betten gemacht haben, steht das Staubwischen auf dem Plan. Wenn Ihre Möbel es vertragen, wischen Sie sie mit einem feuchten Tuch. Einfach etwas Spülmittel und lauwarmes Wasser in den kleinen Eimer geben und alle Flächen entstauben. Möbel, die es lieber trocken mögen, werden mit dem Staubtuch »versorgt«. Die Fensterbank wird feucht gewischt. Heizkörperrippen werden mit Hilfe der Fugendüse des Staubsaugers sauber. Zum Abschluss wird der Fußboden gesaugt oder feucht aufgewischt.

Gründliche Reinigung
Ziehen Sie die Betten ab und säubern Sie die Matratzen mit Staubsauger oder Teppichklopfer. Dann ziehen Sie frische Bettwäsche auf.

Extratipp: Da Matratzen schlechte Gerüche aufnehmen können, tut ihnen eine Behandlung mit Febreze gut. Für hygienische Sauberkeit gibt es übrigens Febreze Antibac.

Nach dem feuchten oder trockenen Staubwischen (je nachdem, was die Möbel vertragen) werden die Schränke von außen gereinigt.

Vergessen Sie auch nicht, Tür und Türrahmen abzuwaschen. Anschließend sorgen Sie wieder für klare Sicht, indem Sie die Fenster putzen. Beginnen Sie mit dem Fensterrahmen. Wenn Sie ihn mit Bohnerwachs »eingecremt« haben, dann müssen Sie jetzt nur mit einem feuchten Tuch darüber wischen. Danach werden die Fensterscheiben in Form gebracht. Zum Abschluss kommt der Boden an die Reihe. Er wird – je nach Belag – gesaugt oder feucht mit Wasser und Allzweckreiniger gewischt. Haben Sie im Schlafzimmer Teppiche liegen, werden diese mit einem feuchten Laken abgedeckt und kräftig geklopft.

Frischer Duft im Wäscheschrank

Für gute Luft im Wäscheschrank sorgt mindestens zweimal jährliches Auswaschen mit meinem Allzweckreiniger, die richtige Wäschepflege und in Abständen Febreze, das Sie in den Schrank sprühen. Unsere Großmütter sorgten für frischen Duft im Wäscheschrank mit kleinen Duftsäckchen, die mit Lavendel gefüllt waren. Manchmal legte Großmutter auch Duftseife zwischen die Wäsche. Diese Behandlung hielt der Wäsche auch Motten von der Faser.

Möchten Sie rund um die Uhr von Ihrem Lieblingsduft umgeben sein, dann legen Sie leere Parfümflakons in Ihren Schrank. Haben Sie keine leere Parfümflasche zur Hand, träufeln Sie einige Tropfen Parfüm auf Löschblattstreifen und verteilen Sie diese in Ihrem Wäscheschrank.

Richtig waschen

Früher gab es noch bei unseren Großmüttern den soge-
nannten Waschtag. An diesem Tag kümmerte man sich um
kaum etwas anderes als um die Wäsche. Sie musste am
Abend vorher eingeweicht werden, der Kessel für das heiße
Wasser musste mit genügend Holz versorgt werden usw.
usw. Deshalb war eine genaue Planung unabdingbar.
Im Zeitalter der Waschmaschinen gibt es wohl kaum noch
eine Hausfrau, die einen festen Waschtag hat. Hat sich
genügend Wäsche angesammelt, wird die Wäsche eben gewaschen. Zwischen Abräumen des Frühstückstischs und
dem Gang zur Arbeit wird die Maschine angestellt und sie
erledigt all die kräftezehrende Wascharbeit für die Hausfrau.
Auch wenn die Waschmaschine uns viel Arbeit abnimmt,
sollten wir die Wäsche dennoch nicht gedankenlos in die
Maschine befördern. Es lohnt sich, sich die Mühe zu machen und die Wäsche vorzubereiten:

Vorbereitung der Wäsche
♦ alle Taschen kontrollieren (am besten drehen Sie die Taschen nach außen, dann sehen Sie sofort, dass Sie die
  Tasche bereits kontrolliert haben)
♦ alle Reißverschlüsse schließen, damit sich keine Wasch-
  pulverreste darin absetzen und später das Auf- und Zu-
  machen erschweren
♦ Flecken und Schmutzränder vor dem Waschen behandeln
♦ Pflegehinweise in den Kleidungsstücken beachten
♦ die Wäsche nach Kochwäsche, Buntwäsche, Feinwäsche,
  Wollwäsche sortieren

Exkurs:
Keine Panik bei Pannen

Malheurs passieren bei der Textilpflege (wie auch im sonstigen Leben) immer wieder. Das Wichtigste ist, nicht in Panik zu geraten. Lesen Sie besser in aller Ruhe nach, wie man doch noch etwas retten kann.

Verfilzte Pullover
Hat Ihr Lieblingspulli die Wäsche nicht gut überstanden? Bevor Sie ihn schweren Herzens ausrangieren, sollten Sie es einmal mit diesem Trick probieren: Füllen Sie eine Schüssel mit Milch und weichen Sie den Pulli über Nacht darin ein. Wenn Sie keine Milch im

Haus haben, können Sie Ihr gutes Stück auch in Wasser mit Badeöl legen.

Die verfilzte Faser nimmt bei beiden Behandlungen wieder Fett auf und wird dadurch wieder geschmeidig. Anschließend ausspülen.

Allerdings hilft das Öl- oder Milchbad nicht, wenn der Pulli eingelaufen ist.

Ausgeleierte Bündchen

Hat Ihr Pulli beim Waschen die Form verloren? Dann hilft nur noch eines: dünnes Gummiband. Besorgen Sie farblich passenden Nähgummi und ziehen ihn mit einer Stopfnadel durch. Und damit gar nichts ins Auge fällt, machen Sie es von links. Ihr Pulli kommt so wieder ganz toll in Form.

Wollknötchen

Kleine Wollknötchen, die weiche Pullis entstellen, werden durch Reibung nach häufigerem Tragen verursacht. Diese Knötchen sollten Sie auf keinen Fall abzupfen. Besser ist es, sie abzuschneiden. Ganz einfach lassen sie sich mit einem Spezialrasierer (Fusselrasierer gibt es in Elektrofachgeschäften und in den Elektroabteilungen von Kaufhäusern) entfernen.

Verknitterte Jacken und Mäntel

Sie haben einen dringenden Termin, aber Ihr Mantel oder Ihre Jacke ist etwas zerknautscht? Wenn Ihnen die Zeit fehlt, das gute Stück aufzubügeln, oder wenn der Stoff keine Behandlung mit dem Bügeleisen verträgt, lassen Sie Wasserdampf für sich bügeln. Zerknittertes Teil einfach im Badezimmer aufhängen, heißes Wasser aufdrehen.

Ausgebeulte Hosen

Wenn die Knie ausgebeult sind, verliert die Hose viel von ihrem Schick. Sofortiges Waschen oder Reinigen muss aber nicht sein. Verbeulte Hosen machen wieder eine makellose Figur, wenn Sie den Beulen mit dem Dampfbügeleisen auf die Faser rücken. Bügeln Sie die Stelle unter höchstem Dampf von außen nach innen. Leistet die Stelle Widerstand, feuchten Sie sie noch zusätzlich an. Die Hose sieht danach aus wie frisch aus der Wäsche.

Verfilzte Wollsachen

Weichen Sie die betroffenen Stücke über Nacht in einer Wasser-Haarshampoo-Mixtur ein. Dann gründlich ausspülen und vorsichtig trocknen.

Stark verfilzte Sachen weichen Sie in lauwarmem Bohnensud ein. Nach einer Stunde herausnehmen und gründlich ausspülen. Dann vorsichtig trocknen.

Verfilzte Wollsocken legen Sie über Nacht in Wasser, in das Sie eine rohe Kartoffel hineingerieben haben.

Flach gedrückte Wollsachen

»Geplättete« Wollsachen werden wieder frisch, wenn sie 24 Stunden an einem feuchten Ort (zum Beispiel im Bad) aufgehängt werden. Anschließend werden die Kleidungsstücke abgebürstet.

Wie man sich bettet...

Haben Sie gut geschlafen, schön geträumt und sind so richtig erholt und ausgeruht aufgewacht? Damit das so bleibt, sollten Sie Ihr Bett in regelmäßigen Abständen nach Strich und Faden verwöhnen.

 MEINE PROPEREN MEISTER-TIPPS

Matratzen können auf verschiedene Weise entstaubt werden, durch Klopfen oder Saugen.

Sind Sie ein Liebhaber der großmütterlichen Methode des Ausklopfens, sollten Sie – bevor Sie mit dem Ausklopfer zur Tat schreiten – ein feuchtes altes Bettlaken über die Matratze decken. So verfängt sich der Staub im Laken und wird nicht durchs Zimmer gewirbelt.

Rosshaarmatratzen bürsten oder saugen Sie nur ab. Aufs Ausklopfen sollten Sie verzichten, sonst wird die Füllung zerschlagen.

Federbetten nie in der prallen Sonne lüften. Diese Behandlung kann die Federn brüchig werden lassen.

Sind bei Ihrem Federbett die Federn zusammengeklumpt, dann kann man sie mit einem Fön wieder auflockern. Öffnen Sie die Naht des Inletts etwa vier Zentimeter breit und halten Sie den Fön hinein. Dieser Wirbelsturm ist für die Federn ein richtiger Jungbrunnen und tut ihnen besser als Lüften oder Ausklopfen im Freien. Nach der Wirbelparty wird die Naht einfach wieder zugemacht.

Rutscht die Bettdecke immer hinunter, was vor allem bei Kindern oft passiert, verlängern Sie das gute Stück mit einem Stück Baumwollstoff, den Sie am Ende der Steppdecke festnähen und unter die Matratze stecken.

Flecken auf Matratzen rücken Sie mit den gleichen Mitteln zu Leibe, die Sie bei Polstermöbeln einsetzen würden.

Damit Ihre Matratze immer frisch und appetitlich riecht, beseitigen Sie Gerüche regelmäßig mit Febreze.

Brüchig gewordene Inletts, durch die die Federn anfangen »auszuwandern«, behandeln Sie mit Bienenwachs. Reiben Sie mit einem Stück Bienenwachs kräftig über das Inlett. Durch die Reibung entsteht Wärme, der Wachs schmilzt und dringt in das Gewebe ein. Dadurch wird das Inlett wieder dicht.

Großmutter hielt sich an die Regel, Betten nur in den Monaten ans offene Fenster zu legen, die nicht auf r enden (also nur von März bis August). In den anderen Monaten ist in der Luft zu viel relative Feuchtigkeit enthalten, die Bettfedern könnten verklumpen.

Lampen – gute Sicht zu allen Tageszeiten

Damit Sie gute Sicht haben, müssen Lampen und Glühbirnen sauber sein. Doch Vorsicht beim Putzen: Der Strom sollte bei Arbeiten an Lampen generell abgeschaltet sein! Glühbirnen können heiß sein. Erst abkühlen lassen!

Glühbirnen sollten Sie nicht mit Wasser reinigen. Wenn einfaches Abstauben mit meinem Swiffer-Tuch oder einem trockenen Tuch nicht ausreicht, drehen Sie die Glühbirne aus der Fassung und wischen Sie sie mit einem leicht feuchten Tuch ab. Danach gut trockenreiben. Sie entfernen hartnäckige Verschmutzungen an der herausgedrehten Glühbirne mit Spiritus. Nur ganz wenig davon auf ein Tuch geben und über den Fleck wischen.

Lampen dürfen Sie auch nicht mit Wasser reinigen. Am besten ist, wenn Sie Ihre Lampen einmal in der Woche mit einem trockenen Lappen oder Swiffer-Tuch abstauben. Dann kann sich kein hartnäckiger Schmutz festsetzen.

Kristallleuchter benötigen ganz besondere Pflege, da Kristall sehr empfindlich ist und schnell blind wird. Füllen Sie lauwarmes – auf keinen Fall heißes – Wasser in einen Eimer und geben Sie Spülmittel sowie etwas Salz dazu. Mit dieser Lauge wird das Kristall gesäubert. Vorsicht: Kristall ist sehr druckempfindlich.

Stumpfes Kristall wird mit angefeuchtetem Salz abgerieben. Sie werden erstaunt sein, wie es wieder glänzt.

Möchten Sie den Kristalllüster reinigen, ohne ihn abzunehmen, hier zwei praktische Methoden (bitte daran denken: vorher Strom abschalten) :

Decken Sie den Boden unter dem Leuchter mit einem dicken, saugfähigen Tuch ab. Füllen Sie einen Becher mit drei Schnapsgläsern Alkohol und drei Schnapsgläsern Wasser. In diese Lösung tauchen Sie nacheinander die einzelnen Kristallstücke. Die Stücke trocknen später von selbst, ohne Wasserflecke, Fingerspuren oder Fussel. Gibt es Kristallteile, die Sie mit dem Becher nicht erreichen können, befeuchten Sie ein Leinentuch mit der Lösung und reiben Sie diese Teile damit ab.

Eine andere arbeitssparende Möglichkeit: Ziehen Sie Arbeitshandschuhe aus Baumwolle an, tauchen Sie die Finger in die Alkohol-Wasser-Mischung und reiben Sie die Kristallteile mit den Fingern ab.

Checkliste

Tägliche Arbeit:
- ✔ Betten machen
- ✔ Kleider und Wäsche in den Schrank räumen
- ✔ Staub wischen

Wöchentliche Reinigung:
- ✔ Betten machen
- ✔ Staub wischen
- ✔ Heizkörper entstauben
- ✔ Fußboden wischen oder saugen, je nach Bodenbelag

Gründliche Reinigung (alle 14 Tage oder einmal pro Monat):
- ✔ Betten neu beziehen
- ✔ Matratzen saugen oder klopfen
- ✔ Staub wischen
- ✔ Fenster putzen
- ✔ Teppiche klopfen
- ✔ Fußboden feucht wischen oder saugen

☞ Die wichtigsten Tipps auf einen Blick ☜

- Fensterrahmen mit Bohnerwachs einreiben. Das hält Schmutz und Wasserflecke fern.
- Lavendelsäckchen oder leere Parfümflaschen sorgen für guten Duft im Wäscheschrank.
- Neue Kleidungsstücke vor dem ersten Tragen immer waschen. Das spült Chemikalien aus der Textilproduktion aus.
- Federbetten nur in den Monaten von März bis August ans offene Fenster hängen.
- Matratzen riechen frisch, wenn sie mit Febreze behandelt werden.
- Lampen wöchentlich mit Swiffer-Tuch abstauben.
- Stumpfes Kristallglas wird mit angefeuchtetem Salz wieder glänzend.

Exkurs:
Fenster – klare Aussichten

Wenn Sie nicht hören, sondern auch sehen möchten, was auf der Straße so alles passiert, sollten Sie Ihre Fenster regelmäßig putzen. Wie oft Sie die Scheiben reinigen müssen, hängt von der Wohnlage ab. An einer dicht befahrenen Straße werden Sie öfter zum Fensterleder greifen müssen als in einem ruhigen Sträßchen ohne Durchgangsverkehr.

Das beste Wetter zum Fensterputzen ist ein trockener, aber trüber Tag. Scheint nämlich die Sonne auf das Glas, verdampft das Wasser schneller und es können leichter Streifen entstehen. Ist es sehr kalt, sollten Sie auf das Fensterputzen verzichten. Außerdem sollten Sie niemals heißes, sondern nur lauwarmes Wasser verwenden.

Wichtig: Beginnen Sie bei der Fenster-klar-Aktion immer mit den Rahmen und heben Sie sich die Scheiben als krönenden Abschluss auf. Gingen Sie in umgekehrter Reihenfolge vor, würde das Glas bei der Reinigung des Rahmens wieder verschmutzen und Ihre Arbeit wäre für die Katz.

Beginnen Sie also mit den Rahmen:

Alurahmen und Kunststofframen werden einfach mit Wasser und einem Schuss Allzweckreiniger gewischt.

Bei lackierten Holzrahmen sollten Sie mit Wasser zurückhaltender sein und den Schmutz nur mit einem feuchten Lappen entfernen.

Gewachste Holzrahmen werden ebenfalls nur feucht abgewischt. Wichtig ist, dass sie nach dem Putzen poliert werden.

Versiegelte Holzrahmen werden mit Seifenlauge sauber.

Extratipp: Polieren Sie nach dem Putzen die Holzfensterrahmen mit Bohnerwachs. Schmutz kann sich dann kaum mehr festsetzen und Sie müssen nur hin und wieder leicht darüber wischen.

Die Fensterscheiben reinigen Sie dank meines Mr. Proper Glas- und Oberflächensprays in null Komma nichts. Einfach meinen bewährten Reiniger aufsprühen, mit einem Tuch nachwischen und fertig. Da es sich bei meinem Reiniger um ein Putzmittel mit Anti-Regen-Effekt handelt, können Regentropfen ablaufen und es entstehen keine unschönen Wasserflecken.

Zum Reinigen können Sie ein weiches Fensterleder nehmen oder nasses Zeitungspapier. Zum Nachpolieren ist trockenes, zerknülltes Zeitungspapier fantastisch. Also: Zeitungen immer für den Fensterputztag sammeln.

So entfernen Sie Flecken von Scheiben
Auf klaren Scheiben stören Flecken natürlich besonders. Doch je nach Herkunft der Flecke gibt es (fast) immer ein probates Mittel.

Fliegenschmutz
Haben Fliegen ihre Spuren auf Ihren Fenstern hinterlassen, können sie mit Spiritus problemlos entfernt werden.

Farbflecke
Farbspritzer vom Anstrich werden vorsichtig mit einer Rasierklinge abgeschabt. Um alle Spuren restlos zu beseitigen, tragen Sie auf die Stelle dick grüne Seife auf, lassen Sie sie einwirken und spülen Sie mit viel Wasser nach.

So machen Sie blinde Fensterscheiben klar ...
Blinde Fensterscheiben werden durch Brennnesseln wieder klar. Fenster einfach mit frischen Brennnesseln abreiben und mit Wasser reinigen. Um Ihre Haut vor den Nesseln zu schützen, tragen Sie besser Handschuhe.

Sagt Ihnen die Brennnesselbehandlung nicht zu, können Sie auch Olivenöl verwenden: Ein Wolltuch mit

Olivenöl tränken und die Scheiben damit bearbeiten. Dann mit Haushaltspapier das Öl entfernen und mit Wasser nachreinigen.

... und so machen Sie klare Scheiben trüb
Möchten Sie eine Glasscheibe (zum Beispiel im Bad) undurchsichtig machen, damit Sie vor neugierigen Blicken geschützt sind, lösen Sie ein halbes Pfund Tafelsalz in einem Viertelliter Weißbier. Mit dieser Lösung bestreichen Sie die Scheibe. Das Wichtigste: Wenn die Scheibe wieder durchsichtig werden soll, können Sie die milchige Schicht problemlos abwaschen.

Kein Anlaufen mehr!
Geben Sie beim Fensterputzen etwas Salz ins Abwaschwasser. Das Salzwasser reinigt nicht nur die Scheiben sauber und streifenfrei, es verhindert auch das Anlaufen der Scheiben im Winter.

In dem Salzwasser können Sie nach Gebrauch auch gleich Ihre Fensterleder auswaschen. Sie bleiben dann weich und geschmeidig.

Kampf der Zugluft
Dichten Sie die Fensterfugen mit einer Mischung aus Schlämmkreide und Leinöl ab. Aus der Schlämmkreide und dem Öl einen zähen Teig kneten und mit der Hand in die Fugen drücken. Mit einem Spachtel die Masse glatt streichen.

Fensterputzen für Eilige
Wenn es mal ganz schnell gehen muss, putzen Sie die Scheiben von innen mit einem in Essig eingeweichten Tuch.

Klarer Blick mit Kartoffeln
Ein toller Glasreiniger sind saubere Kartoffelschalen: die Kartoffelschalen mit kochendem Wasser übergießen und damit die Scheiben abreiben. Mit einem nicht fusselnden Tuch nachpolieren.

Milchglas
Milchglasscheiben dürfen nur mit heißem Essigwasser gereinigt werden, damit sie schön bleiben.

Gardinenpflege

Zum Fensterputzen gehört auch Gardinenpflege. Die klarsten Scheiben kommen nicht zur Geltung, wenn die Vorhänge traurig und angeschmuddelt herumhängen.

Vergilbte Gardinen
Gardinen leiden selten unter Flecken, in der Regel verschmutzen und vergilben sie insgesamt. Zigarettenqualm, Zigarrenrauch und Staub sind die Feinde strahlend weißer Gardinen. Aber keine Hausfrau muss verzweifeln, wenn sich der Gilb in ihren Vorhängen niedergelassen hat. Es gibt altbewährte Mittel, ihn zu vertreiben:

Weichen Sie vergilbte Gardinen über Nacht in lauwarmem Salzwasser in der Badewanne ein. (125 Gramm Salz auf einen Eimer Wasser.) Bei starker Verschmutzung eventuell das Einweichwasser wechseln.

Gardinen nach dem Salzbad nicht auswringen, sondern nur ganz sanft ausdrücken. Und dann ab in die Waschmaschine. Wenn Sie die Gardinen mit der Hand waschen, geben Sie der Seifenlauge eine Handvoll Salz zu.

Das tut Gardinen gut

Entfernen Sie vor dem Waschen schadhafte Gardinenröllchen und Stecknadeln. Sonst könnte das zarte Gewebe Schaden erleiden.

Gardinen müssen im Wasserbad locker schwimmen. Also nicht alle Gardinen in die Waschmaschine oder Badewanne geben.

Weichen Sie die Gardinen in kaltem Salzwasser ein. Das zieht den Staub heraus. Je nachdem, wie oft Sie Ihre Gardinen waschen, müssen Sie das Einweichwasser mehrmals wechseln.

Gardinen bleiben wie neu, wenn Sie ins letzte Spülwasser etwas Zucker geben.

Ziehen Sie die Gardinen beim Waschen oder Ausdrücken nicht aus dem Wasser. Durch das Gewicht des eingesogenen Wassers können sie – vor allem, wenn sie älter sind – reißen.

Gardinen niemals wringen oder gar schleudern, sondern nur vorsichtig ausdrücken.

Staubfreies Arbeitszimmer

Manche Leute, die ausschließlich im Büro arbeiten, glauben ja, dass Arbeitszimmer wunderbarerweise nie verschmutzen. Dass jede Nacht die Heinzelmännchen von der Putzkolonne kommen, verdrängen sie.

Da Sie daheim in der Regel keine Heinzelmännchen haben, müssen Sie wohl oder übel selber ran. Aber keine Angst; der Aufwand hält sich in Grenzen. Sie brauchen

für die Pflege zwischendurch:
♦ Staubtuch oder Swiffer

für die wöchentliche Pflege:
♦ Staubtuch oder Swiffer
♦ kleinen Eimer
♦ Schwammtuch
♦ Staubsauger oder Putzeimer mit Wischlappen und Schrubber
♦ Allzweckreiniger

für die gründliche Reinigung:
♦ Staubtuch oder Swiffer
♦ kleinen Eimer
♦ Schwammtuch
♦ Staubsauger oder Putzeimer mit Wischlappen und Schrubber
♦ Allzweckreiniger, Mr. Proper Glas- und Oberflächenspray
♦ weiche Tücher

Papier – der beste Freund des Staubes

In jedem Arbeitszimmer tummeln sich Berge von Papier. Bei dem einen als liebevolles Chaos arrangiert, beim anderen wieder ordentlich abgelegt, sortiert. Doch Papier hat eine Eigenheit: Es zieht Staub an.

Damit der Staub nicht überhand nimmt, sollten Sie alle zwei bis drei Tage Staub wischen. Und damit Sie die Flusen nicht nur aufwirbeln, sondern vernichten, nehmen Sie ein imprägniertes Staubtuch oder meinen Helfer Swiffer.

Einmal die Woche darf es etwas gründlicher sein. Sie wischen nicht nur Staub, sondern putzen oder saugen auch den Fußboden. Abwaschbare Möbel werden mit lauwarmem Wasser und einem Schuss Allzweckreiniger gesäubert, wasserscheue Möbelstücke mit Politur.

Die gründliche Reinigung umfasst nicht nur Staubwischen, Staubsaugen oder Bodenwischen, sondern auch noch die Reinigung der Fenster. Vergessen Sie auch nicht, Türrahmen und die Türen feucht zu wischen und den Heizkörper zu entstauben.

Richtige Pflege für den Computer

Computer, Drucker & Co. mögen kein Wasser. Deshalb ist die Reinigungsprozedur recht simpel: Mit einem trockenen, weichen und fusselfreien Tuch einfach Bildschirm und Gehäuse entstauben. Den Staubkörnern, die es sich in den Zwischenräumen der Computertastatur gemütlich gemacht haben, rücken Sie mit einem feinen Pinsel zu Leibe. In Fachgeschäften für Fotozubehör gibt es Pinsel mit einem Miniblasebalg. So können Sie dem Staub kräftig eins pusten und von Ihrer Tastatur wegwehen.

Kein Stäubchen zu viel auf Schreibtisch, Stuhl und Regal

Aktenberge, Papierhalden und Bücheransammlungen haben eines gemeinsam: Die Staubschicht, dünner oder dicker, je nach Putzlust und Laune. Um dem Staub seine Heimat zu nehmen und Ihr Arbeitszimmer in einem geordneten Zustand zu versetzen, sollten Sie Akten und Papier in verschlossene Schränke räumen.

Die freie Schreibtischplatte wird – je nach Material – feucht oder mit Politur gewischt.

Fürs Staubwischen zwischendurch reicht ein Staubtuch oder ein Swiffer-Tuch.

Die Regale sollten Sie einmal pro Woche entstauben. Wischen Sie sie feucht, wenn das Material es verträgt. Wasserscheue Oberflächen werden mit einem Staubtuch behandelt.

Checkliste

Alle zwei bis drei Tage:
✔ Staub wischen

Einmal die Woche:
✔ Staub wischen
✔ Schränke, Schreibtisch und Co. feucht abwischen oder mit Möbelpolitur verwöhnen
✔ Fußboden saugen oder feucht wischen

Gründliche Reinigung:
✔ Staub wischen
✔ Schränke, Regale, Schreibtisch abwaschen
✔ Schreibtischstuhl abwaschen oder absaugen, je nach Sitzfläche
✔ Fußboden saugen oder wischen
✔ Fensterrahmen feucht abwischen
✔ Fenster putzen
✔ Tür und Türrahmen feucht wischen

☞ Die wichtigsten Tipps auf einen Blick ☜

- Befreien Sie die Computer-Tastatur mit einem Pinsel von Staub.
- Stellen Sie anstatt Regalen besser verschließbare Schränke ins Arbeitszimmer. Dort sind Papier, Akten & Co. staubsicher untergebracht und Ihr Arbeitszimmer wirkt immer ordentlich.

Exkurs:
Fasertiefe Sauberkeit für Teppichböden

In regelmäßigen Abständen benötigt Ihr Teppichboden eine gründliche Reinigung. Mindestens einmal pro Woche sollte er kräftig gesaugt werden. Wenn Sie kleine Kinder oder Haustiere haben, sogar mindestens alle zwei Tage. Richtig saugen Sie, wenn Sie langsam und gründlich mit dem Sauger den Boden bearbeiten. Schnell darüber saugen ist O.K., wenn Sie mal ein kleines Unglück einsaugen oder den Eingangsbereich besuchsfein machen möchten.

Unangenehme Gerüche im Teppich können Sie mit Febreze neutralisieren. Einfach aufsprühen, trocknen lassen, fertig.

Stark verschmutzte Teppichböden können mit einer leichten, lauwarmen Seifenlauge gereinigt werden – einfach mit einem Schwamm bearbeiten. Mit alten Frottierhandtüchern den Teppich so trocken wie möglich reiben und dann komplett trocknen lassen. Doch bevor Sie dies tun, sollten Sie es unbedingt erst einmal an einer versteckten Stelle oder noch besser an einem Teppichrest Ihrer Auslegware ausprobieren, um zu sehen, wie Ihr Teppich auf die Behandlung reagiert.

Flecken auf dem Teppich

Erste Hilfe:
♦ Lassen Sie den Fleck auf keinen Fall eintrocknen.
♦ Greifen Sie sofort zu einem sauberen Hand-

oder Geschirrtuch. Auch Küchenpapier ist gut geeignet.

♦ Nehmen Sie so viel Flüssigkeit wie möglich auf.
♦ Reiben Sie nicht zu kräftig an dem Fleck herum. Tupfen (am bestem mit einem Teppichrest) ist für den Teppich schonender.
♦ Bearbeiten Sie den Fleck immer von außen nach innen. Dadurch vermeiden Sie Ränder.
♦ Setzen Sie Fleckenmittel nur ein, wenn sich der Fleck im nassen Zustand nicht entfernen ließ und bereits vollkommen ausgetrocknet ist. Aber bitte die Anwendungshinweise auf der Packung beachten!

Kleines Flecken-ABC für den Teppich

Bevor Sie auf Ihrem Teppich eine Fleck-weg-Aktion starten, beachten Sie die Pflege- und Reinigungshinweise Ihres Teppichherstellers. Außerdem sollten Sie an unauffälliger Stelle die Wirkung der Fleckenmittel überprüfen. Je nach Herkunft der Flecke rücken Sie ihnen so zu Leibe:

Alleskleberflecke

Versuchen Sie es mit Nagellackentferner. Wichtig: Der Entferner muss ölfrei sein. Sonst haben Sie statt des Kleberflecks einen Fettfleck. Probieren Sie erst einmal an einer unauffälligen Stelle aus, wie Ihr Teppich auf eine solche Behandlung reagiert. Wird der Nagellackentferner vertragen, betupfen Sie den Kleberfleck ganz vorsichtig am Rand. Versuchen Sie, ihn dann mit einem Messer zu lösen. Behandeln Sie die Stellen, an denen der Kleber noch haftet, mit Nagellackentferner nach.

Blutflecke
Etwas Mineralwasser auf den Fleck schütten und mit Haushaltspapier oder Papiertaschentüchern sofort die Flüssigkeit aufsaugen. Die Behandlung so lange wiederholen, bis der Fleck nicht mehr zu sehen ist.

Eiflecke
Das Ei eintrocknen lassen und dann kräftig ausbürsten.

Fettflecke
Streuen Sie sofort Mehl auf den frischen Fleck. Lassen Sie das Mehl eintrocknen und saugen oder bürsten Sie es dann ab. Letzte Spuren können Sie mit Weingeist behandeln.

feuchter Schmutz
Streuen Sie Salz auf diese Flecken und lassen es etwa 20 Minuten lang den Schmutz aufziehen. Dann wegsaugen.

Honigflecke
Honig lässt sich ganz leicht mit lauwarmem Wasser auswaschen.

Kaugummiflecke
Füllen Sie Eiswürfel in einen Plastikbeutel. Den Beutel legen Sie auf den Kaugummi. Nach kurzer Kältethe-

rapie wird das klebende Ungetüm brüchig und kann dann problemlos durch kräftiges Bürsten entfernt werden. Eventuelle Spuren beseitigen Sie mit Alkohol – wenn's dem Teppich nicht schadet.

Make-up-Flecke
Rücken Sie der Verschmutzung mit einer Spülmittellösung auf die Faser. Einfach etwas Spülmittel mit Wasser verrühren und mit der Lösung den Fleck behandeln.

Marmeladenflecke
Ist das Marmeladenbrot auf dem Teppich gelandet, keine Panik: Mit ein wenig warmem Wasser und einem bisschen Feinwaschpulver ist der Fleck schnell verschwunden.

Mayonnaiseflecke
Zuerst kratzen Sie mit Hilfe eines Messers so viel Mayonnaise wie möglich vom Teppich. Dann tupfen Sie den Fleck mit lauwarmem Wasser ab. Anschließend wird er mit Spiritus nachbehandelt.

Rotweinflecke
Großzügig auf den Fleck gestreutes Salz saugt den Rotwein auf. Einwirken lassen und absaugen. Bereits getrocknete Flecken feuchten Sie mit etwas kaltem Wasser an und schütten dann Salz darauf. Ist der Fleck nach dieser Behandlung noch nicht ganz verschwunden, rücken Sie ihm mit klarem Wasser zu Leibe.

Rußflecke
Streuen Sie etwas Mehl auf die schmutzige Stelle, lassen Sie es kurz einwirken und saugen Sie es dann ab.

Schokoladeflecke
Probieren Sie zuerst, die Verunreinigungen mit einer schwachen kalten Seifenlauge zu entfernen. Dafür lösen Sie etwas Feinwaschmittel in kühlem Wasser auf und bearbeiten den Fleck mit der Lösung. Zum Abschluss der Behandlung den Fleck mit einer dicken Lage Küchenpapier gut trocknen. Ist der Fleck noch nicht ganz verschwunden, wiederholen Sie die Seifenwasserbehandlung.

Teerflecke
Versuchen Sie die Flecke vorsichtig mit Weingeist (aus der Apotheke) zu entfernen.

Tintenflecke
Ungewöhnlich, aber sehr wirksam: Tränken Sie einen Wattebausch mit etwas Milch und drücken Sie ihn auf den hässlichen Tintenfleck. Nach kurzer Einwirkungszeit können die kümmerlichen Reste des Flecks mit etwas Seifenlauge spurlos beseitigt werden.

Urinflecke
Nehmen Sie erst einmal mit einem saugfähigen Tuch die Flüssigkeit auf. Dann waschen Sie den Fleck mit Seifenlauge, die mit einem Schuss Essig verfeinert wurde, aus. Anschließend die Stelle so weit wie möglich mit Küchenpapier trocknen.

Wachsflecke

Lassen Sie das Wachs erkalten und entfernen Sie es ganz vorsichtig. Dann legen Sie mehrere Lagen Toilettenpapier auf den Fleck und bügeln ihn vorsichtig aus. Die Behandlung mehrmals wiederholen. Vorsicht: Das Bügeleisen nicht zu heiß stellen. Die richtige Temperatur für Teppiche ist die für Seide und Wolle.

Mit den Augen der Liebe – wenn der Partner zu Besuch kommt

Das erste (oder auch zweite, dritte usw.) Rendezvous. Natürlich wollen Sie Ihrem Schatz eine tipptopp gepflegte Wohnung präsentieren. Aber Sie möchten sich auch nicht müdegeputzt und nach Reinigungsmittel duftend präsentieren. Hier bedarf es also perfekter Organisation. Bedenken Sie: Es kommt nicht darauf an, dass Ihre Wohnung klinisch rein ist. Sie muss gemütlich, sauber und kuschelig wirken. Beginnen Sie schon am Abend vor dem Rendezvous mit den ersten Arbeiten.

Starten Sie in der Küche. Geschirr wird abgewaschen oder verschwindet in der Spülmaschine, die Arbeitsplatte wird freigeräumt und mit meinem feuchten Allzweckreiniger-Tuch gesäubert. Das Spülbecken reinigen Sie mit Spülmittel. Den Fußboden wischen Sie schnell feucht auf. Stellen Sie eine Schale mit knackigem Obst auf den Küchentisch.

Weiter geht es ins Wohnzimmer. Zeitungen, Illustrierte und Bücher räumen Sie schnell weg. Heraus mit dem Swiffer-Tuch und gründlich Staub wischen. Schlechten Geruch im Wohnzimmer vertreiben Sie, indem Sie Polstermöbel, Vorhänge und Teppiche mit Febreze besprühen. Febreze zieht nämlich unangenehme Düfte, die einen gern die Nase rümpfen lassen, aus Textilien heraus. Prüfender Blick auf den Fußboden. Wenn nötig, kommt der Staubsauger zum Einsatz. Stellen Sie Kerzen auf. Kerzenlicht ist herrlich romantisch und vertuscht kleine Flecke auf dem Boden oder eine hauchdünne Staubschicht. Außerdem sehen Sie im weichen Kerzenlicht noch schöner aus.

Bleibt der Besuch über Nacht, steht das Schlafzimmer als Nächstes auf Ihrer Liste. Beziehen Sie die Betten, wischen Sie

Staub und saugen Sie den Fußboden. Herumliegende Kleider verschwinden in die Schränke. Legen Sie heraus, was Sie am nächsten Tag anziehen werden.

Auf ins Badezimmer. Hier wartet ein klein wenig mehr Arbeit. Aber keine Angst! Mein Mr. Proper Badreiniger wird das Bad in kurzer Zeit besuchsfein machen – und das ohne Schrubben. Geben Sie den Badreiniger in die Toilette, ins Wasch- und Duschbecken sowie in die Badewanne. Kurz einwirken lassen, nachspülen, fertig. Vergessen Sie nicht, die Armaturen zu polieren. Stellen Sie zum Abschluss einen kleinen Blumenstrauß ins Bad.

Am Ende wird der Flur in Form gebracht. Räumen Sie Mäntel, Jacken etc. von der Garderobe. Schuhe verschwinden in den Schuhschrank. Dann kommt das Swiffer-Tuch wieder zum Einsatz. Stauben Sie Regale, Schränke und Ablagen ab. Zum Abschluss saugen oder wischen Sie den Fußboden.

Am nächsten Tag, kurz vor der Ankunft Ihres Schatzes, hängen Sie im Bad frische Handtücher auf und legen zart duftende kleine Gästeseifen hin. Wischen Sie mit meinen feuchten Allzweckreiniger-Tüchern schnell durchs Waschbecken. Wasserflecke auf dem Fußboden beseitigen Sie ebenso. In der Küche waschen Sie das Frühstücksgeschirr ab und wischen den Tisch. Das Spülbecken reinigen Sie mit meinen Reinigungstüchern. Kleine Schmutzstellen auf dem Boden werden ebenso entfernt.

Checkliste

Am Tag vor dem Besuch

Küche:
- ✔ Geschirr spülen oder in die Spülmaschine
- ✔ Ablageflächen abwischen
- ✔ Spülbecken mit Spülmittel reinigen

✔ Fußboden feucht wischen
✔ eine Schale frisches Obst auf den Tisch stellen

Wohnzimmer:
✔ Zeitungen und Illustrierte wegräumen
✔ Staub wischen
✔ wenn nötig, Fußboden saugen
✔ Kerzen aufstellen

Schlafzimmer:
✔ Betten beziehen
✔ Kleider in Schrank räumen
✔ Staub wischen
✔ Fußboden reinigen

Badezimmer:
✔ Toiletten, Waschbecken, Dusche und Badewanne
  reinigen
✔ Fußboden feucht wischen
✔ einen Blumenstrauß hinstellen

Flur:
✔ Staub wischen
✔ Garderobe aufräumen
✔ Schuhe in Schrank stellen
✔ Fußboden saugen oder wischen

Am Tag X

✔ Frühstücksgeschirr abwaschen
✔ Tisch und Spülbecken in der Küche wischen
✔ im Badezimmer frische Handtücher aufhängen und
  mit dem Allzweckreiniger-Tuch durchs Waschbecken
  wischen

Beispielhaftes Kinderzimmer

Der Versuch, das Kinderzimmer aufzuräumen, gleicht oft einem Kampf gegen Windmühlen. Doch trösten Sie sich: In spätestens 20 Jahren ziehen Ihre Sprösslinge von zu Hause aus, dann können Sie das Zimmer versperren und nie wieder betreten (und putzen). Bis es aber so weit ist, brauchen Sie

für die tägliche Reinigung:
- Staubsauger
- Eimer
- Allzweckreiniger
- Feuchtes Schwammtuch

für die wöchentliche Reinigung:
- Staubsauger oder Schrubber, Putzeimer und Wischlappen
- Eimer
- Tücher
- Mr. Proper Allzweckreiniger

für die gründliche Reinigung:
- Staubsauger oder Schrubber mit Wischlappen und Putzeimer
- Tücher
- Allzweckreiniger und Mr. Proper Glas- und Oberflächenreiniger

Der olympische Putz-Siebenkampf:
So machen Sie sich fit

Warum werden so sterbenslangweilige Sachen wie Synchron-
schwimmen und Softball bei den olympischen Spielen gezeigt?
Und warum bleibt ausgerechnet Putzen, die weltweite Sport-
art Nummer eins, nach wie vor außen vor?
Ja, Sie haben richtig gelesen, Putzen ist Sport. Denn das Reinemachen ermöglicht nicht nur vielfältigste Möglichkeiten der
Körperertüchtigung, sondern wird auch von weitaus mehr
Menschen aktiv betrieben als beispielsweise Fußball. Nehmen
wir Deutschland: Im Vergleich zu den rund 55 Millionen er-
wachsenen Bundesbürgern, die regelmäßig zu Eimer, Lappen
und Schrubber greifen, ist selbst der mächtige Fußballver-
band DFB mit seinen gerade mal 6,2 Millionen Mitgliedern nur
ein Häufchen Elend.
Kein Wunder, dass Putzen so beliebt ist! Ist es doch der ideale
Ausgleichssport. Man ist ständig in Bewegung, bleibt topfit,
verbraucht jede Menge angefutterter Kalorien und baut fast
nebenbei wahre Muskelberge auf. Wenn Sie mir nicht glauben, schauen Sie mich doch mal genau an. Woher, meinen Sie
denn, habe ich meine Muskeln?
Damit Sie durch Hausarbeit zu einer durchtrainierten Figur
kommen und die Übungen optimal dosieren, ohne Verletzungen zu erleiden, habe ich für Sie einen Trainingsplan zusam-
mengestellt. Wenn Sie sämtliche Tipps beachten, dürfte einer
Qualifikation für den olympischen Putz-Siebenkampf 2004 in
Athen nichts mehr im Wege stehen:

- **Gewichtheben.** Dafür brauchen Sie keine Anabolika, sondern nur einen Wäschekorb: Klamotten einfüllen, Oberkör-
  per leicht nach unten beugen, in die Knie gehen, Last mit
  geradem Rücken und nah am Körper hochheben. Stärkt

Oberarm- und Beinmuskulatur. Diese Disziplin sollten Sie aber nur mit einem gesunden Rücken ausüben.
- **Slalomlauf.** Für Frauen 100, für Männer 110 Meter. Hindernisse stehen ohnehin genug rum – Eimer, Putzflaschen, Staubsauger. Auf die Plätze, fertig, los! Fördert Muskeln und das Reaktionsvermögen.
- **Curling.** Durch kurze, flinke Bewegungen mit dem Swiffer-Mopp Staub abwechselnd links und rechts aufnehmen. Vorderes Knie beugen, beim Hin- und Herfegen Körpergewicht von einem Bein aufs andere verlagern. Nichts für Hüftsteife. Zur Vermeidung von Rückenbeschwerden sollten größere Menschen Stiele mit Teleskoprohren benutzen.
- **Bodenturnen.** Lässt sich beim Fleckenreinigen einfach erlernen. Die stabilste Haltung ist kniend, auf allen Vieren, während Sie Ihren Körper mit einer Hand abstützen und die andere den Boden bearbeitet.
- **100-Meter-Lauf.** Sprintdisziplin, die im Haushalt immer wieder gefordert ist. Sei es, dass beim Putzen gerade die Milch auf dem Herd überkocht oder das Telefon klingelt. Kräftigt insbesondere die Oberschenkelmuskulatur.
- **Springreiten.** Lässt sich auch ohne Pferd erlernen: mittels eines Schrubbers, den Sie sich zwischen die Beine klemmen. Richtungswechsel erfolgen durch Druck der Oberschenkel, was mächtig Muckis gibt.
- **Marathonlauf.** Von hier nach dort, von da nach hier – und wieder zurück. Ja, als Hausfrau bzw. -mann ist man immer auf der Wanderschaft, fidirallalla …

Machen Sie's wie Diogenes: Nehmen Sie eine Tonne

Putzen im Kinderzimmer kann Ihren ganzen Zeitplan durcheinander bringen, wenn Sie sich nicht über sehr ordentliche Sprösslinge freuen können, die wirklich jeden Tag ganz brav ihr Zimmer aufräumen – ohne stundenlanges Theater.

Damit Sie nicht Ihre kostbare Zeit zwischen Spielzeugautos, Puppen und Bausteinen verbringen, stellen Sie einfach ein große Plastiktruhe oder Tonne mit Deckel in das Zimmer. Alles Spielzeug, was auf Ihrer Putzstrecke liegt, wird dorthin entsorgt. Übrigens: Mit dieser Methode lässt sich auch der Schreibtisch im Kinderzimmer wunderbar aufräumen.

Diese Tonne hat mehrere Vorteile: Sie haben in wenigen Minuten das Zimmer aufgeräumt und Ihr Sprössling hat nachmittags endlich eine sinnvolle Beschäftigung. (Allerdings sollten Sie sich ein dickes Fell zulegen, wenn Ihr Kind das eine oder andere Stück, das es dringend benötigt, aus der Tonne heraussuchen muss.)

Manche Eltern mögen jetzt die Befürchtung hegen, dass die Tonne nach zweimal Aufräumen überquillt, ohne dass das Kind überhaupt einen Ansatz zum Aufräumen zeigt. In diesem Fall füllen Sie den Tonneninhalt in einen großen Plastiksack, binden ihn zu und verfrachten ihn in den Keller. Herausgerückt wird das gute Stück erst, wenn das Kind die Tonne ausgeräumt, jedes Spielzeug an seinen Platz gebracht hat und verspricht, den Inhalt des Sacks ebenfalls sofort aufzuräumen.

Für die tägliche Reinigung geben Sie etwas Mr. Proper Allzweckreiniger mit lauwarmem Wasser in den Eimer. Mit einem Tuch, am besten einem Schwammtuch, wischen Sie zuerst über Tür, Türklinke und alle Stellen, die klebrige Fingerabdrücke aufweisen. Feucht wischen muss im Kinderzimmer

schon sein, denn ein Staubtuch wird mit den klebrigen Fingerabdrücken nicht fertig. Anschließend saugen Sie den Fußboden – egal ob Teppichboden oder ein anderer Belag –, um Kekskrümel, Papierfetzen und anderen Schmutz zu beseitigen.

Bei der wöchentlichen Reinigung reicht feucht wischen mit meinem Allzweckreiniger. Es werden Fensterbank, Schreibtisch, Türe und Türrahmen sowie Schranktüren geputzt. Den Fußboden saugen oder wischen Sie feucht auf, je nach Belag.

Bei der gründlichen Reinigung müssen Sie auch noch Fenster und Fensterrahmen säubern.

Fleckenfreie Regale

Kinderfinger hinterlassen gerne Schokoabdrücke, klebrige Stellen oder Knetgummireste, auch auf Regalen.

Ist das Regal wasserfest, sollten Sie es zuerst einmal mit lauwarmem Wasser, dem Sie einige Spritzer Spülmittel beigeben, reinigen.

Wasserscheue Exemplare werden einfach abgestaubt oder mit Möbelpolitur auf Hochglanz gebracht. Möbelpolitur können Sie fertig kaufen oder selber herstellen. Rezepte für die Hausmarke und Tipps gegen Flecke auf Regalen finden Sie im dritten Kapitel.

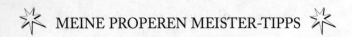

MEINE PROPEREN MEISTER-TIPPS

Hat Ihr Sprössling das Regal verschönern wollen und Papier aufgeklebt, dann rücken Sie den Gemälden nicht mit dem Messer zu Leibe. Besser und schonender ist es, Speiseöl auf das angeklebte Papier zu geben, es einwirken zu lassen und mit einem weichen Tuch abzureiben. Diesen Vorgang können Sie so lange wiederholen, bis das Papier sich völlig abgelöst hat.

Ist das Regal mit Aufklebern verziert worden, nehmen Sie Essig. Aufkleber mit Essig bestreichen, einwirken lassen und vorsichtig mit einem Tuch abreiben.

Kratzer auf hellen Holzregalen lassen Sie mit einer Haselnuss verschwinden. Haselnuss halbieren und damit den Kratzer einreiben. Bei Nussbaumregalen nehmen Sie eine halbierte Walnuss.

Achten Sie darauf, dass das Regal nicht mit kleinen Spielzeugteilen vollgestellt wird. Ansonsten wird Staubwischen zu einem Full-Time-Job. Besser stehen in Kinderzimmerregalen Bücher oder Spiele.

Spielend Spielzeug reinigen

Plastikbausteine geben Sie in die Badewanne, lassen lauwarmes Wasser einlaufen (bis alle Steine bedeckt sind) und geben einen Schuss Spülmittel hinzu. Kurz einweichen und die Steine mit lauwarmem Wasser abduschen. Zum Trocknen ein großes Frottierhandtuch in die Badewanne legen, Steine darauf packen und trocknen lassen.

Sandspielzeug packen Sie in einen Plastikwäschekorb. Zum Abspülen muss der Korb nur ins Wasser getaucht werden.

Barbiepuppenkleider waschen Sie in der Maschine, indem Sie die Minikleider einfach in einen Nylonstrumpf stecken und diesen zuknoten. So fehlt Ihnen hinterher kein kostbares Kleidungsstück und Sie ersparen sich Wutausbrüche Ihrer Kinder.

Plüschtiere, die maschinentauglich sind, stecken Sie für die Wäsche einfach in einen Kissenbezug. Dann treten die Tierchen im Schonwaschgang die Wäschereise an. Nur kurz schleudern, damit die Plüschtiere nicht aus der Form geraten.

Kleines Spielzeug wie elektrische Eisenbahnen, Autos und auch das Inventar des Puppenhauses reinigen Sie mit einem Pinsel.

Checkliste

Täglich:
✔ Türen und Möbel feucht wischen
✔ Fußboden mit Staubsauger von Schmutz befreien

Wöchentlich:
✔ Möbel und Türen feucht abwischen
✔ Fußboden feucht wischen oder gründlich saugen,
  je nach Bodenbelag
✔ Fensterbänke wischen

Gründliche Reinigung:
✔ Möbel und Türen feucht abwischen
✔ Fußboden feucht wischen oder gründlich saugen,
  je nach Bodenbelag
✔ Fensterbänke wischen
✔ Fensterrahmen und Fenster putzen

☞ Die wichtigsten Tipps auf einen Blick ☜

• Werfen Sie alles Spielzeug, das am Boden herumliegt, in eine große Tonne.
• Aufkleber auf Möbeln entfernen Sie mit Essig.
• Kleines Spielzeug reinigen Sie am einfachsten mit einem Pinsel.

Exkurs:
O Schreck, ein Fleck

Gerade in Kinderzimmern werden Tapeten oft absichtlich oder unabsichtlich »verziert«. Je nach Herkunft der Flecke gehen Sie unterschiedlich vor.

Flecken-ABC für die Tapete

Fettflecke
Fettflecke werden mit einem Löschblatt entfernt: Löschblatt auf die Wand drücken und mit einem warmen Bügeleisen darüber gehen.

Sie können Fettflecke aber auch mit einer Paste aus Stärkemehl beseitigen. Etwas Stärkemehl mit kaltem Wasser zu einer dicken Paste anrühren und diese auf den Fleck auftragen. Die Paste trocknen lassen und dann vorsichtig abbürsten. Sind noch Fettreste zu sehen, wiederholen Sie die Behandlung.

Rußflecke
Rußflecke verschwinden mit Brot. Über den Fleck mehrmals mit einer Brotrinde wischen.

Flecken unbekannter Herkunft
Diese Verschmutzungen behandeln Sie erst einmal mit einem weichen Radiergummi. Verdreckte Tapeten werden oft auch mit Hafermehl wieder sauber. Etwas feines Mehl auf ein Tuch geben und damit die verschmutzte Stelle abreiben. Anschließend mit einem sauberen Tuch nachwischen.

Kleine Fleckenkunde

Möchten Sie einen Fleck erfolgreich beseitigen, müssen Sie erst einmal feststellen, wodurch der Fleck verursacht wurde. Die meisten Flecke entstehen durch Lebensmittel, gefolgt von Kugelschreiber, Filzstift, Nagellack, Kerzenwachs, Make-up und Motorenöl. Das Hauptproblem bei fast allen Flecken: Sie werden nicht durch eine Substanz, sondern durch eine Mischung unterschiedlicher Substanzen verursacht. So besteht Bratensoße in der Regel aus Fett, Stärke, eventuell noch Alkohol, Eiweiß, Kräutern. Diesen Substanzenmix müssen Sie bei der Entfernung berücksichtigen. Am einfachsten ist es, wenn Sie die Behandlungsmethode für die am schwierigsten zu entfernende Substanz auswählen.

Meistens werden Sie wissen, wie und wodurch ein Fleck entstanden ist, vor allem, wenn er auf Ihren Kleidungsstücken prangt. Etwas schwieriger ist die Fleckidentifizierung auf den Stoffen Ihrer Lieben. Vor allem Kinder sind nicht sehr auskunftsfreudig. Nach der Herkunft des Flecks auf dem Anorak befragt, werden die meisten Kinder nur mit den Schultern zucken. Dann ist der Detektiv in Ihnen gefragt. Untersuchen Sie den Fleck genau. Schon allein die Farbe kann in vielen Fällen den Ursprung verraten (s. Kasten), und wenn Sie dann noch einen Blick auf den Stundenplan (hatte Ihr Kind heute Kunst?) und in die Brotbox werfen, können Sie der schuldigen Substanz auf die Spur kommen und dem Fleck erfolgreich aufs Gewebe rücken.

Was die Farbe über
die Herkunft von Flecken verrät

blau: z. B. Kugelschreiber, Malfarben, Tinte, Heidelbeeren, Holundersaft

gelb: z. B. Obst, Schreib- und Malfarben, Urin, Parfüm, alkoholische Getränke (wie Sekt, Weißwein, Bier, Weinbrand)

grün: z. B. Gras, Schreib- und Malfarben, Likör, Gemüse

braun: z. B. Rost, Kakao, Soße, Kaffee, Schokolade, Make-up, eingetrocknetes Blut, Schreib- und Malfarben, Hundedreck, Lehm, Sand

rot: z. B. Obst, Gemüse, frisches Blut, Schreib- und Malfarben, Nagellack, alkoholische Getränke (wie Rotwein, Campari)

grau bis
schwarz: z. B. Schreib- und Malfarben, Staub, Teer, Bleistift, Schuhcreme

Fleckentfernung aus Stoffen

Bevor Sie einem Fleck zu Leibe rücken, sollten Sie folgendes wissen: Fleckentfernung erfordert Geduld und ein gewisses Maß an Ruhe. Auch wenn die Zeit noch so drängt – hektisch an einem Fleck herumzureiben macht in der Regel den Schaden nur schlimmer. Und das sollten Sie beachten:

• Versuchen Sie, einen Fleck mit dem richtigen Mittel so früh wie möglich zu entfernen. Wenn es die Situation erlaubt, entfernen Sie Flecken sofort, ohne sie erst eintrocknen zu lassen.

- Entfernen Sie zuerst den groben Schmutz ganz vorsichtig, bevor Sie dem Fleck auf die Faser rücken. Am besten heben Sie mit einem Messer den Schmutz ab.
- Wenn Sie einen Fleck auf einem kostbaren oder empfindlichen Stoff entfernen müssen, sollten Sie zuerst die so genannte Saumprobe machen. Das heißt, Sie probieren Ihre Behandlungsmittel erst einmal an einer nicht sichtbaren Stelle aus, zum Beispiel am Saum.
- Beginnen Sie immer mit dem sanftesten Mittel. Wenn Sie damit keinen Erfolg erzielen, ergreifen Sie härtere Behandlungsmethoden.
- Legen Sie zur Fleckentfernung immer ein sauberes, saugfähiges Tuch, zum Beispiel ein Frotteehandtuch, ein Geschirrhandtuch oder einige Lagen Küchenpapier unter den Fleck. So kann der gelöste Schmutz von der Unterlage aufgesaugt werden. Wurden schon Flecksubstanzen von der Unterlage aufgesaugt, verschieben Sie das Tuch oder wechseln es aus. Die aufsaugende Stelle muss immer absolut sauber sein, sonst transportieren Sie den Fleck wieder ins Gewebe zurück.
- Wenn Sie den Fleck bearbeiten, schieben Sie die Fasern immer ein wenig auseinander. So kann das Fleckenmittel besser in das Gewebe eindringen. Diese Prozedur geht besonders einfach, wenn Sie das Mittel mit einem Pinsel (kurze harte Borsten) aufklopfen. Dadurch wird die Faser gelockert.
- Müssen Sie kleinere Flecke einweichen, nehmen Sie am besten einen Teller als Unterlage.
- Nach der Fleckbehandlung sollte die betroffene Stelle gründlich ausgespült werden, vorausgesetzt, der Stoff verträgt Wasser. Noch besser: Das gute Stück sofort waschen.
- Wurde nur die verfleckte Stelle ausgewaschen, trocknen Sie das Gewebe vorsichtig mit einem Fön von außen nach innen. So entstehen beim Trocknen keine hässlichen Ränder.

Ihre private Fleckenapotheke

Für Fleckennotfälle sind Sie immer gut gerüstet und kein Missgeschick kann Sie zur Verzweiflung bringen, wenn Sie die folgenden sanften Mittel immer im Haus haben.

Wichtig: Bewahren Sie alle Mittel zur Fleckentfernung, selbst wenn es nur Seifenlösung ist, außer Reichweite von Kindern auf.

Bohnenwasser

Das ungesalzene Kochwasser weißer Bohnen kann so manchen hartnäckigen Fleck problemlos beseitigen. Und: Das Kochwasser ist so sanft, dass es auch bei empfindlichen Stoffen als Fleckenwasser eingesetzt werden kann.

Borax

Ein überaus sanftes Mittel zum Reinigen und Fleckentfernen. Es hat sogar in der Schönheitspflege seinen Platz, weil Borax in der Lage ist, kalkhaltiges, hartes Wasser in weiches zu verwandeln.

Brot

Eine kleine Brotrinde kann so manchen Fleck ganz schnell beseitigen. Deshalb ist das Herausreiben eines Flecks mit Brotrinde immer einen Versuch wert. Zumal Brot weder den Stoff beschädigen kann noch die Farbe ausbleicht.

Butter und Eigelb

Butter und Eigelb als Fleckentferner? Das klingt paradox – verursachen doch gerade diese Nahrungsmittel besonders hartnäckige Flecke. Und doch können Butter und Eigelb dafür verwendet werden, alte Flecke zu erweichen.

Kartoffelwasser

Das ungesalzene Kochwasser von Kartoffeln erzielt bei hartnäckigen Flecken erstaunliche Erfolge. Vor allem ist Kartoffelwasser so sanft zu den Kleidungsstücken, dass auch empfindliche Stoffe damit behandelt werden dürfen.

Mehl

Als Großmutters Erste-Hilfe-Mittel bei Verbrennungen der
Haut hat Mehl heute ausgedient. Weiß man doch, dass Mehl
auf Brandwunden mehr schadet als nützt. Doch als Erste-
Hilfe-Mittel bei Fettflecken ist Mehl nicht zu übertreffen.

Milch

Das weiße Kraftgetränk tut nicht nur dem Körper gut, es kann
auch hochempfindliche Stoffe ganz schonend entflecken.
Die Flecken werden in frische Milch eingelegt, bis sie sauer
ist. Wer's eilig hat, nimmt gleich Buttermilch oder saure Milch.
Wichtig: Damit die Milchbehandlung keine Flecken hinter-
lässt, waschen Sie die mit Milch behandelten Kleidungsstücke
zuerst kalt und dann warm aus.

Gallseife

Ein stoffschonendes Fleckenmittel, das aus Seife und Ochsen-
galle besteht. Vor dieser Mischung kapituliert selbst der hart-
näckigste und älteste Fleck.

Salz

Hat sich besonders als Rotweinfleckentferner ausgezeichnet.
Aber auch bei der Beseitigung von Fettflecken leistet Salz gute
Dienste.

In Weingeist aufgelöstes Salz ist ein hervorragendes Fleckenwasser.

Spiritus

Seifenspiritus oder reiner Spiritus haben sich als Fleckenwasser bei den unterschiedlichsten Verschmutzungen bestens bewährt.

Stärke

Stärke ist genau wie Mehl ein hervorragendes Mittel, um Fettflecke aus Stoffen herauszusaugen.

Weingeist

Genau wie Spiritus ist Weingeist ein wichtiges Fleckenmittel, das gegen eine Vielzahl von Verschmutzungen erfolgreich eingesetzt wird.

Los geht's: So rücken Sie Flecken in Textilien zu Leibe

Nachdem Sie alle Mittelchen der Fleckentfernung kennen gelernt haben, können Sie loslegen. Und so verscheuchen Sie:

Bleistiftflecke

Aus Textilien lassen sich Bleistiftflecke mit einer warmen Seifenlauge entfernen. Verträgt der Stoff kein Wasser, leisten Alkohol und Waschbenzin ausgezeichnete Dienste.

Blutflecke

Erste Maßnahme ist: kaltes Wasser. Niemals warmes oder gar heißes Wasser nehmen. Denn Blut ist eiweißhaltig. Kommt das Eiweiß mit warmem Wasser in Verbindung, gerinnt es und geht eine recht dauerhafte Verbindung mit dem Stoff ein.

Colaflecke

Hat sich Cola auf Ihren Pullover ergossen, tupfen Sie die Wolle ganz vorsichtig mit einem Papiertaschentuch oder einem Haushaltstuch aus Papier ab. Das Papier saugt die koffein-haltige Limonade fast vollständig auf. Mögliche Reste werden mit kaltem Wasser vorsichtig ausgespült.

Aus Baumwolle und Leinen verschwinden Colaflecke mit Hilfe einer lauwarmen Seifenlauge.

Eiscremeflecke

Versuchen Sie die Flecke der kühlen Köstlichkeit mit heißem Wasser zu entfernen. Ist Wasser für den Stoff nicht gut, ent-fernen Sie den Fleck mit Alkohol.

Fettflecke

Als Erstes streuen Sie reichlich Kartoffelmehl auf den häss-lichen Fettfleck. Das Mehl sollte einige Zeit einwirken, dann bürsten Sie es vorsichtig aus. In der Regel ist diese Behand-lung ausreichend.

Filzstiftflecke

Viele Filzstifte werden heute mit Lebensmittelfarbe (auf der Packung vermerkt) hergestellt. In diesem Fall lassen sich Flecke leicht mit Seifenlauge entfernen.

Handelt es sich um einen nicht so kleidungsschonenden Filz-stift, bearbeiten Sie den Fleck mit etwas Alkohol oder Aceton. Vorsicht: Kunstfasern vertragen keine Acetonbehandlung. Denn dadurch kann sich nicht nur der Fleck im wahrsten Sinne des Wortes in Luft auflösen, sondern auch der Stoff.

Fruchtsaftflecke

Bestreuen Sie den Fleck sofort mit Salz und waschen Sie ihn dann mit heißem Wasser aus.

Verträgt der Stoff keine Heißwasserbehandlung, erwärmen Sie ein wenig Alkohol und behandeln damit den Fleck ganz vorsichtig.

Grasflecke

Rücken Sie Grasflecke nicht mit Wasser aufs Gewebe. Denn durch diese Behandlung setzt sich der Fleck im Stoff richtig fest und es wird unheimlich schwer, ihn wieder zu entfernen. Versuchen Sie es als Erstes mit Backpulver.

Backpulver auf den Fleck streuen, einwirken lassen und dann vorsichtig ausbürsten. Wollen Sie dem Fleck mit flüssigen Mitteln an den Kragen, verwenden Sie statt Wasser Weingeist. Danach das Kleidungsstück gründlich auswaschen und zwar erst mit kaltem, dann mit warmem Wasser.

Joghurtflecke

Joghurtflecke sollten Sie eintrocknen lassen und dann ganz sanft ausbürsten. Eventuell zurückgebliebene Ränder waschen Sie behutsam mit einer leichten Seifenlösung aus.

Handelt es sich um einen empfindlichen Stoff, der kein Wasser verträgt, nehmen Sie Waschbenzin.

Kakaoflecke

Den Fleck zuerst mit kaltem Wasser ausspülen. Auch Kakao enthält Eiweiß – wenn Sie den Fleck mit warmem oder sogar heißem Wasser zu Leibe rücken, gerinnt das Eiweiß und der Fleck lässt sich nicht mehr aus der Faser lösen.

Kaugummiflecke

Kaugummi lässt sich von Stoffen am einfachsten entfernen, wenn Sie die klebrige Masse auf Eis legen: Packen Sie das Kleidungsstück in einem Plastikbeutel ins Gefrierfach. Der Kaugummi wird hart und lässt sich dann mühelos beseitigen. Sind danach noch Reste des klebrigen Zeugs zu entdecken, können Sie diese mit Alkohol vorsichtig entfernen – vorausgesetzt, der Stoff verträgt diese Behandlung.

Lakritzflecke

Aus waschbaren, unempfindlichen Textilien können Sie den Fleck mit Schmierseifenlauge herauswaschen.

Leim-/Kleberflecke

Diese Flecke sind im Allgemeinen recht widerstandsfähig, denn Kleber soll ja nun mal gut haften. Entfernen Sie zuerst mit einem Messer so viel Kleber wie möglich. Versuchen Sie dann, den Fleck vorsichtig mit lauwarmem Wasser auszuspülen, dem Sie einen Schuss Essig beimengen. Löst sich der Klebstoff nicht, versuchen Sie, den Fleck mit Spiritus zu lösen.

Marmeladeflecke

Marmeladenflecke lassen sich in der Regel ganz leicht mit Seifenwasser entfernen. Die verfleckte Stelle kurze Zeit in Seifenlauge einweichen und dann auswaschen.

Milchflecke

Waschen Sie die Milchflecke sofort mit kaltem Wasser aus. Reicht diese Behandlung nicht aus, behandeln Sie den Fleck mit Seifenwasser nach.

Ananasflecke

Ananasflecke verschwinden aus Seide, wenn Sie sie vorsichtig mit klarem Wasser befeuchten und dann die Stelle mit Gallseife reinigen. Danach gut ausspülen.

Obstflecke an den Fingern entfernen Sie mit Zitronensaft.

Schlammflecke

Schlammspritzer lassen Sie am besten erst einmal trocknen. Dann bürsten oder kratzen Sie den getrockneten Schlamm vorsichtig ab. Restflecken entfernen Sie mit Wasser. Versuchen Sie bitte nicht, die verunreinigte Stelle mit einem feuchten Tuch sauber zu reiben. Sie werden mit dieser Behandlung nur das Gegenteil erreichen und den Schmutz tiefer ins Gewebe hinein rubbeln.

Schokoladenflecke

Spülen Sie zuerst die verfleckte Stelle mit kaltem klarem Wasser und entfernen so den oberflächlichen Schmutz. Als weiterführende Behandlung wird der Fleck mit Seife behandelt. Dann das Kleidungsstück normal waschen.

Goldene Regeln bei der Fleckentfernung

- Lassen Sie den Fleck nicht erst eintrocknen, sondern entfernen Sie ihn so schnell wie möglich.
- Hektisches Herumreiben am Fleck imponiert dem Schmutz wenig, sondern macht in fast allen Fällen die Sache noch viel schlimmer.
- Verwenden Sie kein warmes Wasser, wenn Sie nicht wissen, wodurch der Fleck entstanden ist. Enthält der Fleck Eiweißanteile, können diese durch das warme Wasser gerinnen und der Fleck ist in den meisten Fällen dauerhaft mit der Faser verbunden.
- Rücken Sie dem Fleck nicht zu Leibe, bevor Sie den groben Schmutz und feste Reste entfernt haben.
- Wagen Sie sich nicht an die Operation »Fleck weg«, bevor Sie an einer verdeckten Stoffstelle ausprobiert haben, ob Ihre Behandlung dem Stoff bekommt.
- Fleckentfernungsmittel niemals in Reichweite von Kindern stehen lassen wie alle sonstigen Reinigungsmittel auch.
- Stecken Sie das verfleckte Stück nicht ohne Vorbehandlung in die Waschmaschine.
- Reiben Sie nicht mit einem Zipfel des verfleckten Kleidungsstücks an dem Fleck herum. Es kann sein, dass der Fleck abfärbt. Beginnen Sie die Behandlung auch nicht gleich mit dem stärksten Fleckentferner. Benutzen Sie doch erst einmal das mildeste Mittel. Sollten Sie damit kein Glück haben, versuchen Sie es mit einem stärkeren. Wichtig: Lassen Sie das angewandte Mittel erst einmal seine Wirkung verlieren, bevor Sie ein stärkeres ausprobieren.
- Rücken Sie dem Fleck nie mit einem bunten Tuch auf die Faser. Es könnte sein, dass das Tuch nicht farbecht ist, und dann müssen Sie sich nicht nur mit dem ursprünglichen

Fleck, sondern auch noch mit Verfärbungen abmühen. Deshalb: Besser ein weißes Tuch verwenden.

- Auch wenn der Fleck nicht mehr zu sehen ist, kann er noch unangenehm »duften«. In diesem Fall hilft vor allem Febreze Antibac, denn es wirkt gegen geruchsbildende Bakterien.

Partnerputzen

Sie wünschen sich eine harmonische Beziehung? Oder möchten Sie Ihrer Beziehung frischen Wind geben? Kein Problem mit Partnerputzen! Es fördert den Zusammenhalt beim Leben zu zweit.

Phase eins: das Kennenlernen

Bitte kommen Sie bloß nicht mit der »Hast du mal Feuer?«-Masche. Erstens ist dieser Spruch uralt, zweitens gefährdet Rauchen bekanntlich die Gesundheit. Ein tapsig umgeschüttetes Glas Rotwein dagegen wirkt manchmal wahre Wunder. Ihr Gegenüber könnte zwar zunächst ein bisschen böse werden, aber ein Austausch über bewährte Hausmittelchen (»Gegen Rotweinflecken hilft nur Salz, sagt meine Oma«) bietet die Möglichkeit, erste Anknüpfungspunkte zu finden. Doch Vorsicht! Schauen Sie sich Ihr Gegenüber zunächst gut an. Falls er oder sie zu den Etepetete-Typen gehört, kann die Sache leicht nach hinten losgehen. Besonders dann, wenn es sich bei dem verschmutzten Kleidungsstück um einen Armani-Pullover oder ein anderes edles Designerstück handelt.

Phase zwei: das Verlieben

Hat Ihr Gegenüber angebissen? Dann lassen Sie sie oder ihn nicht länger zappeln. Eine gemeinsame Reinigung bei ihr oder ihm zu Hause schafft gemeinsame Erfolgserlebnisse.

Ein Abend vor dem Bullauge der Waschmaschine bei 60 Grad kann blitzschnell zu einer heißen Sache ausarten und ist allemal aufregender als ein lauwarmer Fernsehabend. (Nur zappen kann man nicht.)

Phase drei: der erste Streit

Kommt so sicher wie das Amen in der Kirche. Und entzündet sich meist an Dingen wie dreckigen Klobrillenrändern, Haaren im Waschbecken oder anderem schmutzigem Alltagskram. Bevor der Zoff richtig losgeht, sollten Sie bereits Eimer, Schrubber und diverse Reinigungsmittelchen bereit stellen und auf den einzelnen Putzetappen (Badewanne, Küchentisch, Kommode) kleine Belohnungen wie ein Stück Schokolade oder ein Glas eisgekühlten Schampus verstecken. Oder ködern Sie Ihren Putzpartner mit Gutscheinen nach Wahl: für a) liebevolle Küsse, b) zärtliche Umarmungen, c) entspannende Nackenmassagen. Und siehe da, der Streit löst sich in Sekundenschnelle in Wohlgefallen auf.

Phase vier: der Alltagstrott

Der schlimmste Feind jeder Beziehung. Jetzt wird es aber höchste Zeit, dass Sie für neues Feuer in der Partnerschaft sorgen. Fördern Sie Gemeinsamkeiten! Auch beim Putzen. Tauschen Sie Ihre Reinigungsmittel und -werkzeuge zur Abwechslung doch mal aus. Vielleicht ist es ja der lang gehegte Herzenswunsch Ihres Partners, auch einmal mit dem Swiffer über den Fußboden zu reiten. Nach getaner Arbeit können Sie die neue Sauberkeit zusammen genießen und auf dem Sofa mit einem Tässchen Tee auf die wiedergefundene Nähe anstoßen. Aber bitte jetzt bloß nicht schon wieder was verschütten!

Wenn Gäste kommen ...

Hat sich Besuch angekündigt, möchte jeder Gastgeber seine Wohnung von der Schokoladenseite präsentieren. Das heißt, fasertiefe Sauberkeit und gemütliche Ordnung sollen herrschen. Das bedeutet aber stundenlanges Wischen und Aufräumen. Und dann soll man völlig erschöpft noch ein köstliches Mahl aus dem Hut zu zaubern. Aber keine Angst! Mit meinen Tipps schaffen Sie es innerhalb kurzer Zeit, Ihre Wohnung im Feiertagskleid zu präsentieren und danach ausgeruht und elegant zurechtgemacht die Gäste zu empfangen.

Als Erstes überlegen Sie, was Sie Ihren Gästen anbieten wollen. Wenn Sie berufstätig sind, wählen Sie entweder ein Gericht, das Sie ohne Zeitaufwand problemlos im Backofen zubereiten können (dann verunstalten keine Töpfe Ihre Küche), oder Sie bereiten die Speisen einige Tage vorher zu und legen sie auf Eis.

Am Vorabend starten Sie mit der Reinigungs- und Aufräumaktion. Sie benötigen:

- ◆ Putzeimer
- ◆ Swiffer- oder Staubtuch
- ◆ Wischlappen
- ◆ Staubsauger
- ◆ Mr. Proper Allzweckreiniger
- ◆ Febreze
- ◆ Schrubber
- ◆ Mr. Proper Badreiniger
- ◆ Antikal
- ◆ Schwamm
- ◆ Schwammtuch und Leinentuch

Der Startschuss fällt im Flur. Er muss besonders gut aussehen, damit Ihre Gäste gleich einen vorteilhaften Eindruck von Ihrem Heim gewinnen. Räumen Sie zuerst alle Schuhe in den Schrank. Schauen Sie den Garderobenständer durch. Alles, was Sie nicht für den nächsten Tag benötigen, wandert in den Kleiderschrank. Dadurch ist Platz für die Mäntel der Gäste und der Eingangsbereich sieht gleich ordentlicher aus.

Schauen Sie sich kritisch um. Alles, was nicht in den Flur gehört, verschwindet aus dem Blickfeld.

Als Nächstes steht Staubwischen auf dem Plan. Schnappen Sie sich ein feuchtes Staubtuch oder mein Swiffer-Tuch und legen Sie los. Regale, Schuhschrank, Schirmständer, Telefon und Telefontischchen werden abgestaubt. Füllen Sie den kleinen Putzeimer mit lauwarmem Wasser und einem Schuss Mr. Proper Allzweckreiniger in Ihrem Lieblingsduft. Mit dem Schwammtuch wischen Sie Türen und Türrahmen ab. Das ist vor allem nötig, wenn kleine Kinder im Haushalt leben. Zum Abschluss ist der Fußboden an der Reihe. Der Teppichboden wird gründlich gesaugt, Flecke werden mit einem feuchten Schwamm entfernt. Bei Kachelböden & Co. wird der grobe Schmutz zuerst mit dem Sauger entfernt. Dann füllen Sie den großen Putzeimer mit heißem Wasser, geben Allzweckreiniger hinzu, wischen den Boden feucht auf und trocken ihn mit einem Leinentuch.

Nächste Station ist die Küche. Wischen Sie mit dem Schwammtuch über Schränke, Herd und Arbeitsplatte. Auch die Kühlschranktüre, Türrahmen und Küchentüre bitte nicht vergessen. Dann ist der Fußboden an der Reihe. Auch hier entfernen Sie zuerst mit dem Sauger groben Schmutz und wischen dann feucht auf. Mit einem Leinentuch trockenwischen und auch dieser Raum ist fertig.

Auf geht's ins Badezimmer. Hier sind Sie ganz schnell fertig, dank meines Badezimmerreinigers. Dusche, Wanne, Waschbecken einfach mit Badreiniger einsprühen, kurz einwirken lassen. In der Einwirkphase wird das WC mit Antikal behandelt und Sie wischen mit einem Fensterleder flott über den Spiegel. Werfen Sie einen kritischen Blick auf die Kacheln. Wasserflecke mit Antikal einsprühen und abspülen. Fertig. Fehlt nur noch der Fußboden, den Sie feucht aufwischen.

Zum Abschluss wird das Wohnzimmer für den Empfang der Gäste gerüstet. Wischen Sie den Tisch ab und legen Sie eine frische Decke auf. Dann kommt das Staubtuch oder ein Swiffer-Tuch zum Einsatz. Wischen Sie Regal, Fernseher, Schrank mit dem Tuch ab. Mit einem feuchten Tuch durch die Aschenbecher wischen und das Wohnzimmer saugen oder feucht aufwischen. Damit ein frischer Duft aus den Polstern strömt, werden Sofas und Teppiche mit einem Hauch Febreze behandelt.

Handelt es sich um eine Einladung zum Kaffee oder Mittagessen, werfen Sie noch einen kritischen Blick auf die Fenster im Wohnzimmer. Haben sie eine Reinigung nötig? Mit Essig oder meinem Oberflächen- und Glasreiniger geht das in wenigen Minuten. Fenster von innen und außen einsprühen, mit einem Tuch nachwischen. Fertig.

Die anderen Zimmer sind für die Gäste tabu, können deswegen für das ein oder andere Stück als Abstellkammer dienen und müssen nicht gewienert werden.

Wenn Sie noch Zeit und Laune haben, sollten Sie schon den Tisch decken.

Am Besuchstag selbst haben Sie nach den Vorbereitungen am Abend zuvor Ihre Wohnung in wenigen Minuten in Form gebracht. Denn nur Küche und Bad benötigen noch einmal eine kurze Auffrischung. Flott geht das mit meinen feuchten Allzweckreiniger-Tüchern. Schnappen Sie sich ein Tuch und wischen Sie damit schnell durchs Waschbecken. Kritischer Blick auf den Fußboden. Sind Flecke zu sehen, schnell mit dem Tuch darüber wischen. Frische Handtücher aufhängen und schmutzige Wäsche aus den Blickfeld räumen. Und schon ist das Badezimmer in Form. In der Küche wischen Sie ebenfalls mit dem Reiniger-Tuch schnell durch das Becken und über Tisch und Arbeitsplatte; eventuelle Flecke auf dem Fußboden werden damit auch schnell beseitigt.

Extratipp: Geben Sie in einen kleinen Kochtopf etwas Zimt mit Zucker und lassen Sie diese Mischung ganz langsam auf dem Herd warm werden. Bald verbreitet sich ein herrlicher Geruch, der alle anderen Kochdünste überdeckt und in Ihren Gästen ein Wohlgefühl hervorruft.

Servieren Sie einen Willkommensdrink mit witzigen Eiswürfeln: Legen Sie am Vortag Erdbeeren, Himbeeren, Kirschen, kandierte Veilchen, Rosenblätter oder Gänseblümchen in Ihr Eiswürfeltablett. Gießen Sie Wasser darüber und stellen die Pracht auf Eis. Im Drink sehen diese außergewöhnlichen Eiswürfel einfach zauberhaft aus.

Planen Sie Ihre Einladung so, dass Sie vor Ankunft der Gäste noch eine halbe Stunde Zeit haben, sich selbst zu verwöhnen. Starten Sie mit einem Zitronenbad: Das bringt Sie nach einem anstrengenden Tag wieder in Schwung und Partylaune: Pressen Sie fünf ungespritzte Zitronen aus und geben Sie den Saft ins Badewasser. Gönnen Sie sich in dem etwa 37 Grad warmen Wasser zehn entspannende Minuten. Dann abtrocknen, fünf Minuten ruhen und sich anschließend anziehen und zurechtmachen. Wenn Sie mögen, genießen Sie ein Gläschen Sekt vor Ankunft der Gäste. Das haben Sie sich verdient!

Checkliste

Im Flur:
- ✔ Schuhe wegräumen
- ✔ Garderobenständer aufräumen
- ✔ Staub wischen
- ✔ Türen und Türrahmen feucht abwaschen
- ✔ Fußboden reinigen

In der Küche:
- ✔ Herd, Schränke, Arbeitsplatte, Kühlschranktüre, Türrahmen, Küchentüre feucht abwischen
- ✔ Fußboden reinigen

Im Badezimmer:
- ✔ Dusche, Wanne, Waschbecken, Toilette mit Badreiniger einsprühen, einwirken lassen und nachspülen
- ✔ Spiegel mit Fensterleder wischen
- ✔ Wasserflecke auf den Kacheln wegpolieren
- ✔ Fußboden feucht wischen

Im Wohnzimmer:
- ✔ Tisch wischen und neue Decke auflegen
- ✔ Staub wischen
- ✔ Fußboden reinigen
- ✔ Polster mit Febreze auffrischen
- ✔ Fenster eventuell mit Glas- und Oberflächenreiniger wischen

Kurz vor Eintreffen des Besuchs:

✔ im Badezimmer mit meinen Reiniger-Tüchern durchs Waschbecken wischen und Flecke vom Fußboden entfernen

✔ schmutzige Wäsche aus dem Blickfeld räumen

✔ frische Handtücher aufhängen

✔ in der Küche mit den Reiniger-Tüchern das Spülbecken reinigen, über Tisch und Arbeitsplatte wischen

✔ für guten Geruch sorgt etwas Zimt mit Zucker, den man auf Herd langsam warm werden lässt

Gepflegter Balkon, gemütliche Terrasse

Wenn Sie glücklicher Besitzer eines Balkons oder einer Terrasse sind, wissen Sie, wie viel Freude es machen kann, im Freien zu frühstücken. Damit Sie sich auf Ihrer Sonnenseite so richtig wohl fühlen, sollte alles blitzblank sein.

So bringen Sie Balkon und Terrasse zum Glänzen

Die Pflege der »Außenbezirke« Ihrer Wohnung ist zum Glück nicht besonders aufwändig. Sie brauchen lediglich

für die wöchentliche Reinigung:
♦ Besen

für die gründliche Reinigung:
♦ Putzeimer
♦ Schrubber, Wischlappen
♦ kleinen Eimer
♦ Schwammtücher
♦ Allzweckreiniger
♦ Spülmittel

Starten Sie mit dem Fußboden. Für die wöchentliche Reinigung ist es ausreichend, den Boden zu fegen. Sind die Borsten Ihres Besens zu weich, stärken Sie sie mit Salzwasser. Einfach einen Becher Salz in heißes Wasser geben und die Borsten darin baden.

Einmal im Monat tut dem Boden eine gründliche Reinigung gut:

Asphaltböden können Sie mit etwas Allzweckreiniger, den Sie in das lauwarme Putzwasser geben, wischen.

Beton- und Zementböden reinigen Sie am besten nur mit einem feuchtem Lappen. Ist der Boden nämlich nicht versiegelt, ist es fast unmöglich, Seifenreste aus ihm zu entfernen.

Stein- und Schieferböden werden nur mit Wasser und etwas Allzweckreiniger gesäubert.

Einmal im Monat sollten Sie folgende Arbeiten erledigen:

Ein Balkongeländer aus lackiertem Eisen reinigen Sie am besten einfach mit Wasser und Seife. Trocknen Sie dann das Geländer gut ab.

Dann kommen die Gartenmöbel an die Reihe.

Gartenmöbel aus Bambus werden wie neu, wenn sie mit Salzwasser gereinigt werden.

Korbmöbel bürsten Sie mit einer schwachen Kochsalzlösung ab. Anschließend gründlich mit klarem Wasser nachspülen.

Gartenmöbel aus Peddigrohr verwöhnen Sie mit Seife und Soda.

Ist das Rohrgeflecht Ihrer Gartenmöbel ein wenig schlaff geworden? Ein prima Lifting ist, es mit heißem Wasser abzureiben und an der frischen Luft trocknen zu lassen. Anschließend Zedern- oder Zitronenöl auftragen, sonst könnte das Geflecht splittern oder springen.

Kunststoff-Gartenmöbel werden einfach mit Seifenwasser und einem weichen Tuch abgewaschen.

Die Gartenstuhlauflagen sollten Sie – wenn Sie den Platz haben – bei feuchtem Wetter und abends an einem trocknen Ort aufbewahren, zum Beispiel im Keller. Ist das nicht möglich, nähen Sie die Kissen in festes Plastik ein und beziehen Sie sie dann mit einem Stoffbezug.

Extratipp: Wenn Terrasse oder Balkon nicht überdacht sind,

ist es ratsam, die Gartenmöbel im Keller überwintern zu lassen. Fehlt Ihnen dazu der Platz, werden die Gartenmöbel mit einem Plastiküberzug vor Wind und Wetter geschützt. Preiswert und einfach geschieht das mit Klarsichtfolie. Einfach Stühle zusammenstellen und mit Klarsichtfolie mehrmals umwickeln. Auch der Tisch wird eingewickelt.

Die Balkonbespannung aus Stoff reinigen Sie mit einer leichten Seifenlauge.

Damit die Bespannung nicht schimmelt, können Sie sie vor der Befestigung in starkem Salzwasser einweichen.

Hat Ihr Besen etwas gelitten und die Borsten wirken etwas »niedergeschlagen«, halten Sie ihn einfach über Wasserdampf. Die Borsten richten sich sofort wieder auf.

Stühle mit geflochtenen Sitzen sind sehr dekorativ, aber äußerst schwer zu reinigen. Schnell und einfach geht das mit Salz: Auf einen Liter Wasser einen Esslöffel Salz geben. Eine Bürste in das Salzwasser eintauchen und die Sitzflächen abbürsten.

Checkliste:

Einmal in der Woche:
✔ Boden fegen

Gründliche Reinigung:
✔ Boden feucht reinigen
✔ Balkongeländer abwaschen und mit weißem Wachs einreiben
✔ Gartenmöbel je nach Material reinigen

☞ Die wichtigsten Tipps auf einen Blick ☜

- Gartenmöbel mit Frischhaltefolie winterfest machen
- Gartenschirm alle vier Wochen mit Haarspray einsprühen

Exkurs:
Blütenpracht

Ein Meer aus blühenden Blumen gibt Terrasse und Balkon erst den richtigen Pfiff. Sie brauchen auch keinen »grünen Daumen«, damit es bei Ihnen sprießt, blüht und grünt, nur ein wenig Liebe zu den Pflanzen, etwas Zeit und meine bewährten properen Meister-Tipps für alles Blühende und Grünende.

Gießen Sie Ihre Pflanzen regelmäßig – aber nicht übermäßig! Zu wenig Wasser ist genauso schädlich wie zu viel. Wichtig: Gießen Sie die Pflanzen nicht in der Mittagssonne. Da die Wassertropfen wie ein Brennglas wirken, können Blätter und Blüten Schäden davontragen. Besser: abends und morgens gießen.

Gegossen werden Pflanzen am besten mit handwarmem Regenwasser. Wer darauf nicht zurückgreifen kann, nimmt abgekochtes (aber natürlich kaltes) Leitungswasser oder abgestandenes Mineralwasser. Besonderer Vorteil der letztgenannten Methode: Mineralstoffe geben Ihren Blumen enorme Lebenskraft.

Füllen Sie Blumenkästen und Töpfe nur bis etwa zwei, drei Zentimeter unter dem Rand mit Erde. So wird das Gießen einfacher.

Damit Sie sich an den ersten Frühlingsboten erfreuen können, müssen Sie Blumenzwiebeln vor dem ersten Frost in die Erde einsetzen.

Die Pflanzerde sollte von guter Qualität sein. Sie können eine eigene Mischung aus Sand, Kompost und Gartenerde herstellen.

Entfernen Sie am besten täglich verwelkte Blüten und Blätter. Neue Blumentöpfe aus Ton sollten Sie vor dem Bepflanzen einige Stunden in Wasser legen, damit sich die Poren mit Wasser füllen. Ansonsten wird der eingefüllten Erde so viel Wasser entzogen, dass die Pflanzen verdursten können.

Mischen Sie Kaffeesatz als Dünger unter die Erde. Ihre Balkonblumen werden prächtig gedeihen (natürlich ist dieser Dünger auch für Gartenblumen geeignet).

Tipps gegen Schädlinge

Machen Blattläuse Ihren Zimmerpflanzen zu schaffen? Wenn Sie die Minibiester giftfrei vertreiben wollen, versuchen Sie es mit Seifenspiritus: Stellen Sie eine Lösung aus zwanzig Gramm milder Seife und zehn Gramm Spiritus her. Mit dieser Lösung wird die Pflanze von allen Seiten abgespritzt. Zwölf Stunden wirken lassen und dann die Pflanzen mit klarem Wasser gründlich absprühen.

Alternativ können Sie auch Schmierseifenlösung gegen Blattläuse verwenden. Sprühen Sie die befallenen Pflanzen mehrmals damit ein.

Nacktschnecken bleiben Ihren Pflanzen fern, wenn Sie grobkörnigen »scharfen« Sand, Steinmehl oder Tannennadeln um die Pflanzen streuen. Darüber mag keine Schnecke kriechen.

Auch mit bestimmten Pflanzen können Sie sich Schädlinge von den Blättern halten:

- Pflanzen Sie Lavendel. Das hält Ameisen fern.
- Blattläuse hassen Kapuzinerkresse, Koriander und Anis.
- Pfefferminze hält Erdflöhe fern.
- Gegen Mehltau hat sich Basilikum bewährt.
- Milben hassen Himbeeren.

So überleben die Pflanzen Ihren Urlaub

Stellen Sie auf einen Tisch einen großen Eimer Wasser. Von diesem Eimer ziehen Sie dicke Wollfäden zu Ihren Pflanzen und stecken Sie sie in die Erde. Die Pflanzen versorgen sich jetzt über die Wollfäden von selbst mit dem notwendigen Nass. Wichtig: Das Versorgungsgefäß muss höher stehen als die Pflanzen.

MEINE PROPEREN MEISTER-TIPPS FÜR SCHNITTBLUMEN

Ein schöner Blumenstrauß verleiht einer Wohnung immer den Hauch von Frühlings- oder Sommerfrische. Damit die Pracht in der Vase auch recht lange hält, sollten Sie die Stängelenden täglich unter Wasser ein wenig kürzen. Wichtig: Harte Stiele werden schräg abgeschnitten, weiche Stiele gerade.

Geben Sie außerdem immer eine Prise Salz ins Wasser. Auch eine Kupfermünze oder ein Stück Holzkohle oder zwei Esslöffel Essig und zwei Esslöffel Rohrzucker im Blumenwasser helfen dabei, die Blütenpracht länger zu erhalten.

Blitzputz bei Überraschungsbesuch

Ein gemütlicher Samstagnachmittag. Sie haben die Beine hochgelegt, schmökern in einem schönen Buch, trinken eine Tasse Kaffee oder gönnen sich ein Gläschen Sekt. Da klingelt es. Ihre guten Vorsätze, heute gar nichts zu tun, rächen sich jetzt. In der Spüle türmt sich das Geschirr. In der Diele amüsieren sich im wilden Durcheinander Schuhe und Regenmäntel, im Wohnzimmer halten die Zeitschriften und Zeitungen ihr Jahrestreffen ab und über das Badezimmer möchten Sie erst gar nicht sprechen. Wenn Sie zu neugierig sind oder keine Chance mehr haben, Abwesenheit vorzutäuschen, dann bleibt nur ein Griff in die Trickkiste.

Holen Sie in rasender Geschwindigkeit Putzeimer, Schrubber und Staubsauger hervor und täuschen Sie Putzaktivitäten vor. Dieses Täuschungsmanöver hat mehrere unschätzbare Vorteile:

Sie und Ihr Outfit sind entschuldigt. Keiner wird verlangen, dass Sie in schicken Kleidern, edel frisiert und mit Ausgeh-Make-up den Feudel schwingen.

Der Überraschungsgast, der sich als unliebsamer Besucher entpuppt, kann mit entschuldigendem Blick auf die Putzsachen ganz flott abgewimmelt werden.

Sollte es sich aber um einen gern gesehenen Gast handeln, wird er jede Unordnung verzeihen.

Möchten Sie dem Besucher Zeit widmen, startet Phase zwei Ihres Blitzputzes. Bitten Sie den Gast, kurz in der Diele zu warten. Stürmen Sie ins Wohnzimmer, greifen Sie alles, was herumliegt, und lassen Sie es aus dem Blickfeld verschwinden. Schubladen und Schränke können da gute Dienste leisten.

Greifen Sie nach meinem feuchten Allzweckreiniger-Tuch und wischen Sie blitzschnell über den Tisch. Bitten Sie den Gast hinein, bieten Sie ihm eine Tasse Kaffee an und entschwinden Sie zwecks Kaffeezubereitung in die Küche. Verstauen Sie das gebrauchte Geschirr in der Spülmaschine. Greifen Sie nach meinem bewährten Allzweckreiniger-Tuch und wischen Sie über Tisch und Spüle. Zum Abschluss kommt der Fußboden dran. Diese Arbeit haben Sie in drei Minuten erledigt.

Dann ab ins Badezimmer. Wischen Sie Becken und Toilette mit dem Reiniger-Tuch sauber. Wenn der Fußboden auch eine Schnellreinigung braucht, nehmen Sie noch ein Tuch und los geht es. Alles, was im Badezimmer herumliegt, verfrachten Sie ins Schlafzimmer, dessen Tür Sie verschließen. Hängen Sie frische Handtücher auf, schieben Sie die Alibi-Putzsachen zur Seite und widmen Sie sich Ihrem Gast.

Vorsicht: Diese Verdunklungstechnik funktioniert nur in Haushalten ohne kleine Kinder. Denn Ihre Kids werden Sie erbarmungslos verraten. Außerdem möchte niemand sein Kind zum Lügen anhalten. Mit Kindern bleibt Ihnen nur die Strategie »Augen zu und durch«. Und trösten Sie sich mit dem Satz: Wer unangemeldet einen Haushalt mit kleinen Kindern »überfällt«, muss eben mit Chaos rechnen.

Bewahren Sie Haltung, räumen Sie ein wenig im Wohnzimmer auf und verfrachten Sie den unangemeldeten Eindringling dorthin, vielleicht mit einem Kaffee. Schließen Sie die Türe, wischen Sie in Windeseile im Badezimmer das Waschbecken sauber, räumen Sie herumliegende Sachen am besten ins Schlafzimmer. Schließen Sie Schlafzimmer- und Küchentür und widmen Sie sich Ihrem Überraschungsgast.

Checkliste

Täuschungsmanöver ohne Kinder:

✔ vor dem Öffnen der Wohnungstür die Putzaccessoires aus dem Schrank holen und dekorativ im Flur verteilen

✔ herumliegende Sachen im Wohnzimmer in Schubladen und Schränke stopfen. Im Notfall ins Schlafzimmer verfrachten

✔ mit dem Mr. Proper Allzweckreiniger-Tuch über den Tisch wischen

✔ den Gast ins Zimmer bitten und ihm Kaffee anbieten

✔ während der Kaffee durchläuft, Geschirr in die Spülmaschine räumen

✔ Spülbecken, Tisch und Ablage mit Allzweckreiniger-Tuch säubern

✔ Flecken auf dem Fußboden ebenfalls mit dem Wundertuch beseitigen

✔ alle herumliegenden Sachen aus dem Bad ins Schlafzimmer verfrachten

✔ Schlafzimmertüre schließen

✔ Waschbecken und Fußboden mit Allzweckreiniger-Tuch reinigen

✔ frische Handtücher aufhängen

✔ Kaffee servieren

Täuschungsmanöver mit Kindern:
- ✔ nach dem Motto »Augen zu und durch« den Gast bitten, einen kleinen Moment in der Diele zu warten
- ✔ das Wohnzimmer flink aufräumen
- ✔ den Gast hineinbitten
- ✔ Wohnzimmertüre schließen
- ✔ Kaffee aufsetzen
- ✔ im Badezimmer aufräumen, alles Herumliegende ins Schlafzimmer verfrachten
- ✔ Becken und Fußboden mit Allzweckreiniger-Tuch säubern

Keine Angst vor dem Frühjahrsputz

Die ersten warmen Frühjahrstage zeigen sich und Sie bekommen so richtig Lust, den Wintermief und Schmutz aus Ihrem trauten Heim zu vertreiben. Wenn nur der Aufwand nicht wäre! Doch keine Angst. Mit meinen Tipps und Ratschlägen verwandeln Sie Ihr Heim so, dass Sie sich drin spiegeln können – ohne Ihren gesamten Haushalt in Stücke zu reißen, in Unmengen Seifenlauge zu ertränken und dann Stück für Stück wieder zusammenzusetzen. Mit ein wenig Organisation und den richtigen Helfern ist die Arbeit in Handumdrehen getan.

Sauber? Aber sicher!

So lächerlich das klingt, aber putzen kann gefährlich sein. Achten Sie deshalb vor allem bei Großaktionen an der Putzfront an erster Stelle auf Ihre Sicherheit. Schätzungsweise eine halbe Million Menschen verunglückt jährlich beim Hausputz. Gott sei Dank geht die Mehrzahl dieser Unfälle recht glimpflich aus. Aber leider kommt es auch immer wieder zu schweren Verletzungen. Damit Sie ohne Risiko Ihre Wohnung in Frühjahrsglanz tauchen, sollten Sie Ihre Putzgewohnheiten überprüfen und die typischen Gefahrenquellen vermeiden:

• Achten Sie auf Ihre Kleidung: Verzichten Sie auf Kleidungsstücke mit weiten Ärmeln, damit Sie nirgends hängen bleiben. Gefährlich sind auch offene Schürzenbänder. Schneiden Sie entweder von Ihrer Putzschürze das Band ab und nähen Sie stattdessen ein Gummiband an oder verzichten Sie ganz darauf und tragen Sie stattdessen eine alte Hose und ein ausgemustertes T-Shirt.

- Hochhackige Schuhe sind für den Hausputz überhaupt nicht geeignet. Wie leicht können Sie im Eifer des Putzgefechtes umknicken und sich den Knöchel verletzen. Besonders gefährlich sind hohe Absätze, wenn Sie auf eine Leiter steigen. Tragen Sie also besser flache Schuhe, zum Beispiel Turnschuhe.
- Auch wenn es lästig ist: Holen Sie immer eine Leiter, wenn Sie irgendwo hinaufsteigen müssen. Aufeinander getürmte Stühle, Bücher oder andere Kletterhilfen sind absolut tabu – Ihrer Gesundheit zuliebe.
- Bleiben Sie beim Fensterputzen auf dem Boden. Ist das nicht möglich, reinigen Sie die geschlossenen Fenster nur von innen. Auf keinen Fall sollten Sie in luftiger Höhe auf die Außenseite des Fensterbretts treten. Besser ein staubiges Fenster als ein Sturz aus großer Höhe.
- Stellen Sie Ihre Putzgeräte wie Eimer, Besen, Schrubber so ab, dass sie nicht für Sie zur Stolperfalle werden. So manche Hausfrau hat sich schon schwer verletzt, als sie über den Eimer stolperte. Am besten stellen Sie die Putzutensilien immer an die Wand.
- Reinigungsmittel gehören außer Reichweite von Kindern – vor allem während des Putzens. Sie können einfach nicht putzen und gleichzeitig die Reinigungsmittel sowie Ihre Sprösslinge im Auge behalten. Schließen Sie die Putzmittel deshalb immer sofort wieder weg. Auch wenn es zeitraubend ist – lieber dreimal den Putzschrank aufschließen als einen Kontakt des Kindes mit Putzmitteln riskieren.

Auf ins Vergnügen!

Wenn alles für die Sicherheit getan ist, dann heuern Sie meine aktive Putztruppe an und stürzen Sie sich ins Vergnügen. Sie haben richtig gelesen: Mit meinen putzmunteren Helfers-helfern kann der Frühjahrsputz zu einem Vergnügen werden. Wichtig ist aber auch gute Laune. Und damit Sie voll motiviert und strahlender Laune ins Putzgeschäft einsteigen, machen Sie erst einmal Musik an. Stellen Sie einen kleinen Snack und einen saftigen Durstlöscher an strategisch günstiger Stelle bereit und lassen Sie die Helfershelfer in Reih und Glied an-treten. Sie benötigen:

- ◆ Eimer
- ◆ Schrubber
- ◆ Wischlappen
- ◆ Schwamm
- ◆ Mr. Proper feuchte Allzweckreiniger
- ◆ Mr. Proper Badreiniger
- ◆ Antikal
- ◆ Mr. Proper Allzweckreiniger-Tücher
- ◆ Swiffer und Swiffer-Mop
- ◆ Febreze
- ◆ Staubsauger
- ◆ Mr. Proper Glas- und Oberflächenreiniger

Und jetzt auf in den Kampf. Damit Sie sich erst einmal warm putzen, empfehle ich Ihnen als Putzprofi, mit etwas Leichtem zu starten, dessen Erfolg blitzschnell sichtbar ist: Staub-wischen. Mit dem »magnetischem Staubtuch« Swiffer geht das blitzschnell. Also Tuch raus und auf die Plätze, fertig, los. Starten Sie mit der Aktion »Kampf dem Staub« im Wohn-zimmer und arbeiten Sie sich dann über Arbeitszimmer, Kinderzimmer, Schlafzimmer und Diele vor. Wischen Sie Regale, Sideboards und Schränke. Vergessen Sie nicht Computer, Fernseher & Co. (alle Elektrogeräte unbedingt vor der Reinigung ausschalten!). Dank Swiffer ist das Staubwischen ein Kinderspiel und in null Komma nichts erledigt. Denn mit Swiffer wirbeln Sie den Staub nicht auf, sondern fangen ihn ein.

Im Schlafzimmer und Kinderzimmer nutzen Sie bei der Staubwischerei gleich die günstige Gelegenheit, die Wintergarderobe auszumustern. Räumen Sie die Schränke aus, wischen Sie die Regalböden, packen Sie die Wintergarderobe zusammen und holen Sie die leichten Kleidungsstücke hervor.

Extratipp: Duftet die Frühlingsgarderobe nicht nach Frühling, sondern nach Kellermief, bringt etwas Febreze gleich frischen Duft in die Kleidung, ohne Waschen oder Reinigen.

Dann ist Fensterputzen angesagt. Gardinen abnehmen und waschen (wie das geht, steht weiter oben bei den Anweisungen zum Fensterputzen). Füllen Sie einen Eimer mit warmem Wasser, geben Sie Allzweckreiniger hinzu und wischen Sie mit einem weichen Tuch die Fensterrahmen. Jetzt sind die Scheiben an der Reihe. Für gute Sicht einfach Mr. Proper Glas- und Oberflächenreiniger aufsprühen und mit einem fusselfreien Tuch – am besten einem Leinentuch – die Scheiben trockenreiben.

Zur gründlichen Reinigung gehört das Ausklopfen der Polstermöbel. Damit dabei das Wohnzimmer nicht in Staub ertränkt wird, feuchten Sie Bettlaken an und decken Sie sie über Sessel und Sofa. Dann bearbeiten Sie die Polster mit dem Teppichklopfer. Der Staub verfängt sich in den Tüchern und wird festgehalten.

Einmal im Jahr ... die feuchte Polsterreinigung

Einmal im Jahr – und zwar am besten im Rahmen des Frühjahrsputzes – sollten die Polster feucht gereinigt werden. Können die Bezüge nicht abgezogen werden, reinigen Sie sie mit Seifenschnee: Auf zwei Tassen kochendes Wasser geben Sie eine halbe Tasse Feinwaschmittel. Lassen Sie die Mischung abkühlen und schlagen Sie sie dann kräftig mit einem Schneebesen zu steifen Seifenschaum auf. Mit diesem Schaum werden Ihre Polster gereinigt (nicht anwenden bei Leder- oder Seidensofas!).

Abnehmbare Bezüge waschen Sie je nach Pflegeanleitung entweder selbst oder bringen Sie in die Reinigung.

Chemisch gereinigt werden sollten: Brokat, Seidentaft und Seidenbrokat, Samt, Wolltweed, Wolle.

Können Sie die Bezüge selbst waschen, hier einige Tipps:

Baumwoll- oder Leinenbezüge

Diese Bezüge dürfen in der Maschine gewaschen werden. Bevor sie jedoch in die Wäsche wandern, sollten eventuelle Flecken entfernt werden (siehe das entsprechende Kapitel weiter oben). Damit die Bezüge in Form bleiben, sollten sie auf jeden Fall gestärkt werden. Gebügelt werden sollten sie nur von links. Extratipp: Bezüge mit Paspeln werden noch leicht feucht wieder aufgezogen.

Chintz

Es ist ratsam, diese Bezüge chemisch reinigen zu lassen.

Dralon

Diese Bezüge dürfen warm gewaschen werden. Sie sollten allerdings kalt gespült und nur kurz geschleudert werden.

Nach dem Waschen bringen Sie sie mit einer weichen Bürste behutsam in Form. Die Dralonbezüge können handwarm gebügelt werden, das sollten Sie aber nur tun, wenn es wirklich nötig ist. Meist genügt es, die Bezüge sofort nach dem Trocknen wieder aufziehen.

Zeltleinen oder Segeltuchbezüge

Diese Bezüge werden mit warmen Seifenwasser abgeschrubbt. Anschließend werden sie gründlich ausgespült. Trocknen dürfen die Bezüge an der frischen Luft. Gebügelt werden sie von links.

Wenn Sie keine Zeit für eine solche Reinigungsaktion haben oder Ihre Polster nicht feucht gereinigt werden dürfen, dann greifen Sie zu Febreze Extra oder Febreze Antibac. Diese Textilerfrischer beseitigen Gerüche bzw. geruchsbildende Bakterien aus Textilien.

Was den Polstermöbeln recht ist, ist dem Teppich billig. Also Staubsauger einstecken und Teppichboden gründlich saugen, am besten gegen den Strich. Lose Teppiche kräftig ausklopfen und mögliche Flecken entfernen (genaue Anleitungen dazu in den Kapiteln weiter oben).

Der Endspurt

Nur Mut! Sie haben es fast geschafft. Für den Endspurt sollten Sie sich erst einmal eine kleine Erfrischung gönnen. Vergessen Sie heute die Kalorienzählerei und genießen Sie köstliche Kekse oder zartschmelzende Schokolade. Wer es lieber kalt mag, füllt seinen Energiespeicher mit einem Eis.

Jetzt ist die Küche dran: Mr. Proper Allzweckreiniger ins Putzwasser, Schwammtuch eingetaucht und los:

Wischen Sie Wandfliesen, Schränke, Schrankoberfläche, Dunstabzugshaube und Kühlschrank ab. Bei hartnäckigen, fettigen und klebrigen Verschmutzungen nehmen Sie meinen Allzweckreiniger unverdünnt. Das spart Ihnen Muskelkraft und die Fettflecken sind mit einem Wisch verschwunden.

Extratipp: Nach vollendeter Arbeit sollten Sie die nicht sichtbaren Schrankoberflächen mit Papier-Küchentüchern abdecken. Von Zeit zu Zeit tauschen Sie die Tücher einfach aus. So sparen Sie Putzarbeit und haben immer einen sauberen Schrank.

Auf ins Badezimmer. Hier wird die Reinigung dank meines Badreinigers zu einem regelrechten Kinderspiel. Wanne, Dusche und Waschbecken mit Badreiniger einsprühen, kurz wirken lassen, abspülen, nachwischen. Einfacher geht es wirklich nicht. Das WC ebenfalls mit meinem Badreiniger behandeln. Die Armaturen werden mit Antikal zum Strahlen gebracht. So verschwinden Kalkablagerungen ohne kräftezehrende Schrubbarbeit.

Sie haben es fast geschafft! Jetzt fehlen nur noch die Fußböden: Also Stühle auf den Tisch, Schuhe vor die Haustüre und alles, was Ihrem Putzeifer im Weg steht, vom Fußboden schaufeln. Damit es für Sie nicht so schwer wird, kommt erst einmal Swiffer zum Einsatz. Den Spezial-Swiffer-Mopp mit Swiffer-Tuch »bestücken« und über den Fußboden »fegen«. So haben Staub und Haare, Wollmäuse unter dem Bett und Spinnweben in den Ecken keine Chance. Alles wird vom Swiffer-Tuch magnetisch angezogen. Nach der Wischaktion das staubige Tuch einfach in den Haushaltsmüll geben.

Dann werden die Böden nass gewischt. Geben Sie in den Eimer mit heißem Wasser meinen Allzweckreiniger mit Ihrem Lieblingsduft – Citrus, Apfel oder Meeresfrische –, dann schwingen Sie den Wischlappen. Mit einem fusselfreien Tuch die Böden trockenwischen. Fertig.

Herzlichen Glückwunsch! Wir beide haben es geschafft. Ihr Heim ist so rein, dass man sich darin spiegeln kann. Wie wär's zur Belohnung mit einer Tasse Kaffee und einem Stück Kuchen? Das haben Sie sich jetzt wirklich verdient.

Checkliste

✔ Staub wischen vom Wohnzimmer über Arbeitszimmer, Kinderzimmer, Schlafzimmer bis zur Diele
✔ Wintergarderobe aus den Schränken räumen
✔ Schränke auswischen
✔ Frühlings- und Sommerkleidung mit Febreze besprühen und einräumen
✔ Gardinen abnehmen und waschen
✔ Fensterrahmen reinigen
✔ Fensterscheiben putzen
✔ Polstermöbel ausklopfen und feucht reinigen. Flecken entfernen
✔ Teppichboden gründlich saugen
✔ Teppiche kräftig ausklopfen
✔ eventuelle Flecken entfernen
✔ Küchenschränke, Schrankoberflächen, Wandfliesen, Dunstabzugshaube, Kühlschrank wischen
✔ Badewanne, Dusche, Becken und WC mit Badreiniger einsprühen
✔ Armaturen mit Antikal behandeln
✔ Fußböden in Küche, Bad & Co. putzen

Exkurs:
Pflanzen als Luftreiniger

Zimmerpflanzen können die Raumluft hervorragend entgiften und somit Gerüchen vorbeugen. Schadstoffe – aus Möbeln, Teppichen und auch Zigarettenqualm – können Zimmerpflanzen problemlos schlucken. Das stellten Wissenschaftler der amerikanischen Weltraumbehörde NASA fest. Die über zehn Jahre dauernde Studie zeigte, dass bereits eine Pflanze pro zehn Quadratmeter die Zimmerluft reinigen kann.

Doch das Prädikat »Luftreiniger« kann nicht jede Pflanze beanspruchen. Nur »ausgewählte« grüne Zimmerbewohner dürfen sich so nennen und sollten deshalb in Ihrem Heim nicht fehlen – der Gesundheit zu Liebe.
   Von den Blattpflanzen haben besonders Efeu, Drachenbaum, Birkenfeige, Grünlilie oder Philodendron entgiftende Kräfte. Der Efeu gehört ins Wohnzimmer eines jeden Rauchers, denn die robuste Pflanze entfernt Nikotin aus der Zimmerluft. Bei den blühenden Zimmerpflanzen zählen nur drei zu den Ausgewählten: Gerbera, Chrysanthemen und Einblatt.

Aufgrund des so genannten Nussknackerprinzips werden manche Pflanzen zu Luftreinigern: Die ausgewählte Pflanze ist in der Lage, die chemischen Verbindungen der Schadstoffe zu knacken und in Nahrung für sich umzuwandeln. Aber nicht nur die Blätter der Pflanze sind an der Luftreinigung beteiligt. Auch Wurzeln, Erde und Mikroben helfen kräftig mit.

Da auch im Kinderzimmer gute, statt dicke gute Luft herrschen sollte, gehören Pflanzen auch ins Kinderzimmer. Doch Vorsicht: Stellen Sie keine giftigen Gewächse auf. Zu schnell könnte Ihr Sprößling einmal das saftige Grün probieren wollen.

Die Pflanzen müssen robust sein, vor allem wenn Ihr Kind die Pflege übernimmt. Ihnen dürfen kurze Durststrecken und gelegentliche Überschwemmungen nicht zu viel ausmachen. Ihr Gartenmarkt oder Blumenladen in der Nähe berät Sie sicher gerne. Außerdem sollten Sie darauf achten, dass die Töpfe der grünen Mitbewohner standfest sind, damit beim Toben nichts passieren kann.

Feste feiern, feste aufräumen

Die Party war ein voller Erfolg. Der letzte Gast ist weit nach Mitternacht gegangen. Und Sie stehen jetzt inmitten des Partychaos. Keine Panik! Das bekommen Sie und ich schnell in Griff.

Auch wenn Sie jetzt hundemüde sind: Lüften Sie gründlich und leeren Sie die Aschenbecher aus (am besten in eine mit Sand oder Wasser gefüllte Dose. Nie den Aschenbecher in Mülleimer oder Papierkorb kippen. Es könnte noch etwas Glut vorhanden sein, die ein Feuer verursachen kann) und räumen Gläser und Geschirr noch in die Küche. Vergessen Sie auch nicht, das Büffet abzuräumen und die Speisereste in den Kühlschrank zu stellen.

Am nächsten Morgen (oder Mittag)
bewaffnen Sie sich mit:
♦ **kleinem Eimer**
♦ **Putzeimer**
♦ **Schrubber, Wischlappen**
♦ **Schwammtüchern**
♦ **Mr. Proper Allzweckreiniger**
♦ **Mr. Proper Badreiniger**
♦ **Staubsauger**
♦ **Febreze**

Der Tag danach

Bevor Sie mit dem Reinemachen starten, stellen Sie die Spülmaschine an oder waschen Sie das Geschirr schnell ab.

Füllen Sie danach beide Eimer mit lauwarmem Wasser und einem kräftigen Schuss Allzweckreiniger. Wischen Sie Tische und Abstellflächen ab. Im Bad setzen Sie meinen Badreiniger für Waschbecken und WC ein. Hängen Sie frische Handtücher auf. Jetzt kommt der Fußboden an die Reihe. Saugen bzw. wischen Sie ihn, je nach Material. Damit es in der Wohnung wieder frisch und nicht nach Qualm riecht, sprühen Sie Febreze auf Polster und Gardinen.

Jetzt nur noch die Spülmaschine ausräumen und das Geschirr wegräumen, dann haben Sie es geschafft.

 MEINE PROPEREN MEISTER-TIPPS

Haben Sie nicht genügend Aschenbecher, füllen Sie Blumentöpfe mit Sand.

Stellen Sie die Heizung vor Eintreffen der Gäste niedriger. Wenn viele Menschen in einem Raum sind, heizt er sich stark auf.

Damit der Partyraum nicht zu sehr nach Qualm riecht, stellen Sie in alle vier Ecken ein kleines Schüsselchen mit Essig.

Damit Ihnen nicht das Eis ausgeht, frieren Sie schon Wochen vor dem Ereignis Eiswürfel ein. Heben Sie sie einfach in einem Plastikbeutel auf.

Ist Ihre Tischplatte empfindlich? Dann decken Sie sie besser mit einer Moltondecke ab.

Achten Sie darauf, dass die Wohnung nicht zu hell beleuchtet ist. Warmes, weiches Licht verbreitet eine wohlige Atmosphäre.

Eine liebevoll dekorierte Wohnung sorgt für Partylaune. Stellen Sie Ihr Fest am besten unter ein Motto und stimmen Sie die Dekoration darauf ab. Hier einige Vorschläge:

Karibische Nächte: Schalen mit exotischen Früchten aufstellen. Büffet mit frischer Ananas dekorieren. Cocktails mit exotischen Früchtespießen, Schirmchen und Strohhalm dekorieren.

Viva Mexiko: Tische und Abstellflächen mit weißen Tischdecken und Servietten dekorieren. Auf die Tischdecken legen Sie kleine Landesflaggen, rote und grüne Pfefferschoten. Stellen Sie einen mit Kräutern oder Blumen gefüllten Kürbis auf. Verwenden Sie rustikales Geschirr.

Herbstsinfonie: Schmücken Sie Tische, Abstellflächen, Büffet mit bunten Herbstblättern, typischen Blumen (z. B. Astern), mit Weinblättern und Trauben.

Putzparty

Kein Glanz im Freundeskreis? Sie möchten endlich mal wieder Ihre Freunde zu sich nach Hause einladen, schämen sich aber über den in Ihrer Wohnung herrschenden Dreck? Oder graust es Ihnen vor dem Tag danach, wenn Sie allein in dem Chaos zurückbleiben und die ganze Sauerei aufräumen müssen?

Das muss nicht sein! Treffen Sie doch einfach eine saubere Entscheidung: Veranstalten Sie eine Putzparty! Vielleicht werden sich Ihre Gäste etwas über das unkonventionelle Fetenmotto wundern – doch sicher macht jeder mit. Allein schon deshalb, weil keiner den neuen Partytrend verschlafen will und alle schon ganz gespannt sind, was sie erwartet.

Und das ist eine ganze Menge. Denn Putzpartys bringen Abwechslung in die Bude. Und Stimmung! Wenn Ihre Freunde mit

Schrubber, Staubtuch und Besen anrücken, ist es vorbei mit öden, gelangweilten Gästen, die nur den Mund zum Essen und Trinken aufkriegen. Dafür sorgt ein buntes, abwechslungsreiches Programm, das zum Mitmachen geradezu einlädt. Dabei sind Ihrer Phantasie keinerlei Grenzen gesetzt: Flaschendrehen mit Mr. Proper, Reise nach Jerusalem mit Putzeimern, Geschirrakkordwaschen, Schwämmchenzielwerfen, Wettsaugen... Krönung des Festes ist der Große Frühjahrsputz mit Fleckenjagd und Prämierung der besten Putzgeräte sowie einer schmutzigen Quizshow. Ein rundum gelungenes Fest mit Sport, Spiel und Spannung, das sicher bald viele Nachahmer findet.

Natürlich sollten Sie auch Speisen und Getränke dem Partymotto anpassen. Wie wär's zum Beispiel Wodka Orange à la Klementine? Als CD empfiehlt sich Neil Youngs »Unplugged«-Album, weil der Rock-Opa als erster ernstzunehmender Musiker den Kehrbesen als Rhythmusinstrument entdeckt hat. Für Freunde des Rock 'n' Roll bietet sich »Splish Splash« von The Big Bopper an oder »Let's twist again« von Chubby Checker. Und zum Chill-out nach getaner Arbeit Gloria Gayonors »I will survive«.

Wer weiß, vielleicht haben Sie ja sogar das unverschämte Glück, dass Ihnen gerade auf Ihrer eigenen Party eine liebliche Putzfee oder ein charmanter Fleckenteufel über den Weg läuft. Mehr über die spezielle Art des Anbaggerns zwischen Staub und Schrubber finden Sie unter »Partnerputzen«.

Checkliste

direkt nach der Party:

✔ Aschenbecher ausleeren
✔ Gläser und Geschirr in Küche bringen. Besser noch: in Spülmaschine einräumen
✔ gründlich lüften

am nächsten Tag:

✔ Tische und Abstellflächen mit lauwarmem Wasser
  und Allzweckreiniger säubern
✔ Staub saugen
✔ Fußböden feucht wischen
✔ WC und Waschbecken mit Mr. Proper Badreiniger
  wieder auf Hochglanz bringen
✔ frische Handtücher ins Bad hängen
✔ Polster und Gardinen mit Febreze »lüften«
✔ Geschirr wegräumen

Exkurs:
Psst, nicht weitersagen! – Praktische Geheimtipps

- Wenn der Mantelkragen nur schmutzig ist, müssen
  Sie nicht gleich den Mantel waschen oder reinigen
  lassen. In diesem Fall kann Ihnen ein Tütchen Backpulver Geld und Zeit sparen: Streuen Sie einfach
  etwas Backpulver auf den Mantelkragen und lassen
  Sie das Pulver gut eine Stunde einwirken. Dann
  schütteln Sie es ab und bürsten es gründlich aus.
- Holzschubladen klemmen manchmal. Für Abhilfe
  sorgt eine Behandlung des Rahmens mit kaltem
  Wachs (z. B. von einer Kerze) oder mit trockener
  Seife.
- Knarrende Holzdielen bringen Sie mit Talkumpuder
  zum Schweigen. Einfach etwas Puder in die Ritzen
  streuen und schon herrscht Ruhe.
- Hat sich im Wassertopf Kesselstein gebildet, entfernen Sie ihn mit Kartoffeln: einfach Kartoffelscha-

len eine halbe Stunde lang in dem Kessel kochen. Der Kesselstein wird dadurch hervorragend gelöst.

- Haben sich in Ihrer Edelstahlspüle Rostflecken festgesetzt, rücken Sie ihnen mit Feuerzeugbenzin zu Leibe.
- Großmutter verhinderte das Hartwerden der Handtücher mit Salz: Nach der üblichen Wäsche wurden sie in kochende Kochsalzlösung gelegt, danach gut ausgespült und zum Trocknen in den Garten gehängt.
- Frottierhandtücher dürfen nicht gebügelt werden. Dadurch verlieren sie ihre Saugkraft.
- Ärgern Sie sich auch immer, dass Saughaken auf Fliesen einfach nicht haften bleiben wollen? Bestreichen Sie die Saugfläche einfach mit Eiweiß. Die Haken kleben dann bombenfest.
- Minikratzer auf Glastischen können Sie einfach mit etwas Zahnpasta auf einem weichen, sauberen Tuch wegpolieren.
- Harz an Händen oder im Haar beseitigen Sie problemlos mit Öl. Einfach etwas Speiseöl über die Hände oder die Haare geben. Danach gründlich mit Seife oder Shampoo waschen und alle klebrigen Spuren sind beseitigt.
- Mahlen Sie Ihren Kaffee noch selbst? Dann sollten Sie in der Kaffeemühle in Abständen einige Reiskörner mahlen. Das reinigt die Kaffeemaschine.
- Chromteile können Sie mit etwas Mehl schnell zum Glänzen bringen. Einfach etwas Mehl auf einen trockenen, weichen Lappen streuen und die Teile damit polieren. Das Ergebnis wird Sie überraschen.

- Frische Fettflecke auf einfarbigen, nicht gemusterten Tapeten verschwinden, wenn Sie ein Löschblatt darüber legen und mit einem handwarmen Bügeleisen darüber bügeln.
- Kunststoffspülbecken müssen äußerst sanft gereinigt werden. Ist das Becken sehr schmutzig, füllen Sie es voll Wasser und geben eine Gebissreiniger-Tablette hinein. Einige Stunden wirken lassen, dann Wasser ablaufen lassen und mit klarem Wasser nachspülen. Eventuell mit Spülmittel ausreiben.
- Brandflecke auf Porzellan verschwinden, wenn Sie einen Korken anfeuchten, in Salz tauchen und damit die Brandflecken abreiben. Anschließend wie gewohnt abwaschen.
- Fliegendreck an Fenstern trübt die Aussicht und lässt sich oft schwer entfernen. Hier ein Rezept, das nicht nur die hässlichen Tupfen entfernt, sondern auch Fliegen von den Scheiben fernhält: Schneiden Sie eine große Zwiebel klein und kochen Sie sie 20 Minuten in einem Liter Wasser. Mit diesem Sud waschen Sie dann die Scheiben.
- Keine Panik, wenn Besuch kommt und die Zeit nicht mehr zum ausgiebigen Lüften reicht. Sprühen Sie einfach Febreze auf Vorhänge, Polstermöbel und Teppiche, um Gerüche zu vertreiben. Um ein wenig Waldduft ins Heim zu bringen, verbrennen Sie ein paar Wachholderbeeren oder Tannennadeln im Kamin oder Aschenbecher (bitte aufmerksam beobachten). Eine Duftlampe erfüllt den gleichen Zweck.
- Wichtig: Versuchen Sie nicht, den Geruch einer ungelüfteten Wohnung mit Parfüm zu verbessern.

Denn dadurch entsteht ein schwer erträglicher Duftmix.

- Dinner bei Kerzenlicht wird ein voller Erfolg, wenn die Kerzen recht lange brennen und wenig tropfen. Legen Sie deshalb die Kerzen zuerst in eine Salzlauge (zwei Teelöffel Salz pro Kerze rechnen und so viel Wasser nehmen, dass die Kerzen bedeckt sind). Schon nach wenigen Stunden Salzbad sind die Kerzen tropffrei. Sind sie wieder trocken, werden sie vor dem Anzünden zwei bis drei Stunden in den Kühlschrank gelegt.
- Besprühen Sie vor einer Dinnerparty das Tischtuch mit Wäschestärke. Wenn ein kleines Malheur passiert, lassen sich Flecke dann wesentlich leichter entfernen.